巴厘海

双子湖

西部国家公园　　百度湖　　特鲁扬村

巴厘海峡

印度洋　　　登巴萨

巴厘岛示意图

一本就 **GO!**

BALI

巴厘岛

2012-2013版

一本就

GO!

墨刻编辑部　编著

人民邮电出版社

北京

编辑说明
How to Use This Book

　　本书为《巴厘岛一本就GO！2012—2013版》的更新版本，为了使读者获得更好的阅读体验，我们根据读者的反馈意见和实际情况的变化，在上一版的基础上对本书的相关内容做出了更新和修正。

　　本书分为印象巴厘岛、分区导览及巴厘岛旅游资讯三个单元。印象巴厘岛介绍了到巴厘岛必做的20件事以及巴厘岛的传统歌舞及美食等内容。分区导览部分将巴厘岛的主要景点分乌布、库塔、登巴萨、中部、东部和北部加以介绍，各分区除了交通信息、地图等基本资料之外，还各包含有五个小单元来介绍当地的景点、购物、SPA*、美食和住宿信息，方便游客自由规划行程。旅游资讯部分，除了介绍巴厘岛的签证、交通、旅行注意事项等资讯外，还附有实用旅行会话，以满足游客多方位的需求。

　　为了便于读者查阅，本书在景点、商店、餐厅、住宿之下均列出了基本资料，包括电话、传真、地址、网址、开放时间、休馆时间、交通方式等，采用放大的字号呈现，并用简明易懂的图例标出，各图例代表意义如下：

🅐 地图页码&坐标	☏ 电话	🅗 休馆时间	@ E-mail
🅣 交通方式	🄵 传真	🅢 价格	
🏠 地址	⏱ 开放时间	🅦 网址	

　　本书标示的价格，除特殊说明外，全以印尼盾或美元为货币单位。书中所提示的各项易变动资料，如交通、费用、开放时间、地址、电话等，均以本书出版前所收集的资料为准。其中费用部分较易发生变动，仅供读者参考。同时，我们也欢迎读者与我们联系，将变动情况告知我们，我们的联系方式是shp@ptpress.com.cn。

巴厘岛一本就GO！

◎轻盈自在的开本，跟厚重说BYE BYE！
　　130mm×205mm的尺寸、250g的重量，轻巧无负担，放口袋、放包包都OK。

◎超人资讯量，一书在手，情报全有。
　　集结墨刻采访精华，一网打尽必访景点、必尝美食、必购之物。资讯为主，摘要说明，快速上手。

◎超便利超友善的编排，一册在手，去哪里自己搞定。
　　以各区域作为章节，搭配地图与交通资讯，一次搞定吃喝玩乐麻烦事。

◎景点+美食+购物+住宿，快速提升旅游达人指数。
　　超完美旅游计划自己打造，3天2夜、5天4夜，随您高兴，随性搭配。

◎瞩目度No.1的包装，旅游必备的风格行头。
　　超强设计感、明亮色彩印刷，容易翻阅的装订，独领旅游指南图书的时尚。

*SPA是人们借助水疗、按摩和香薰等手段促进新陈代谢、达到身心放松的一种保健方式，也指能提供相关设施及服务的场所。SPA一词源于拉丁文的"Solus Por Aqua"，Solus意为"健康"，Por意为"精油"，Aqua意为"水"。

分区导览地区名称

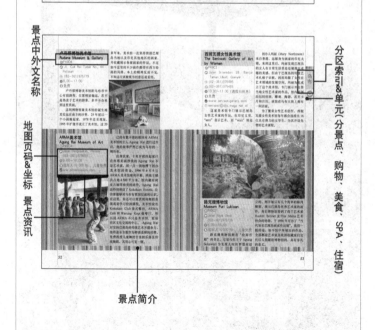

分区地图

地图图例

景点中外文名称

地图页码&坐标

景点资讯

分区索引&单元（分景点、购物、美食、SPA、住宿）

景点简介

BALI
巴厘岛

2012-2013版

一本就
GO!

目录 CONTENTS

86 # 库塔
Kuta

景点： 库塔·沙努·金巴兰·努沙杜瓦·乌鲁瓦图庙

购物： 库塔购物商街艺廊·Mario Silver·Serene·Daya·ADA·Charisma·
Cik Cak·Asia Line·ADIS Silver·Pupavida·Katak Vertigo·Baliku·Dijaya·
Mafira·Ryan·Ebano

美食： Kori·TJ's·Kafe Warisan·Gateway of India·Hana·Papa's Caf'e
Fabio·The Balcony·Spago Restaurant and Bar·Koki·Jimbaran Bay Seafood
Restaurants·Bumbu Bali

SPA： Natalie Spa·金巴兰四季度假旅馆·金巴兰丽池卡登度假旅馆·努沙
杜瓦日航饭店·Jamu Spa at Alam Kul Kul·Well Being Spa

住宿： 金巴兰四季度假旅馆·丽池卡登度假旅馆·Bali Impian Pool Suite &
Jacuzzi Suite·Villa Bali Impian·Villa Bukit Hideaway·Uluwatu Surf Villa·
Villa Sanur Valia·Rumah Bali Villa

180 巴厘岛旅游资讯 Information

地图索引

印象巴厘岛

在巴厘岛，20件你要做的事
Best 20 Must do & See in Bali

快乐购物败家有理
●哪里好逛街：库塔、雷吉安、沙努、乌布。

充满艺术文化气息的环境，造就了巴厘岛人对色彩与造型的敏锐，因此这里的大小各式商品，皆散发着令人难以抗拒的魅力，从色彩艳丽的沙笼服饰、竹制餐具、香料和香精等杂货，到造型古朴的木雕及古董家具、时尚服饰，样样令人爱不释手。这当中又以库塔、雷吉安、沙努和乌布地区的购物商圈最为出色，干净简约的街头与橱窗，让你仿佛走进时髦的大都会一般，而价格却又相对低廉；在巴厘岛逛街购物，绝对可以给自己找到100个败家的好理由。

宠爱自己享受Spa
●优质Spa享受。

随着时代的发展，Spa不再只是为了健康或美容，而是一种新的习惯与生活态度，或者说更是一种人们寻求心灵解放的方式。身为度假先驱的巴厘岛，发展出了多元的Spa服务项目，当地人善用东方草药知识，以及古老的静坐、瑜伽等概念，使Spa更趋多样化。来到这里，岂能不享受一场精致的Spa盛宴！

住Villa（别墅）享受富豪生活
●精选Villa住宿。

如果受不了人声鼎沸的旅馆，那可以选择另一种遗世独立的度假环境——Villa。

全世界的别墅以巴厘岛最为有名，它们不是由各国富豪名流委托艺术家、设计师建造而成，就是由世界顶级的度假饭店集团耗资数千万美元兴建而成。岛上Villa的建筑风格多融合西洋及巴厘岛独有的南洋气息，户型从经济型到奢华型都有。

在私人别墅里，房间、客厅、庭院、游泳池、餐厅、厨房、浴室都是必备的空间，另外还包括贴心细致的服务，如24小时专属的管家、司机，以及可依客人口味和预算来烹饪美食的厨师；至于现代化设施，如电视、音响、网络等也一应俱全，让你可以同时享受现代化生活和自然空间，令人倍感尊宠。

放纵食欲品尽美味

●品美味：库塔、金巴兰、乌鲁瓦图、努沙杜瓦、沙努、乌布、中部、东部＆东北、北部＆西北。

巴厘岛人和善的微笑，令许多来自异国的旅人就在这"天堂"里定居下来；渐渐的，这些来自世界各个角落的游子们又怀念起故乡的美味，于是源自世界各地的美食就在巴厘岛蓬勃发展起来。如今来到巴厘岛，可尝到各种国际佳肴。

而除了这些各国美食，当地特有的巴厘岛食物同样不容错过，特别是当地料理擅长将香料融入食物之中，口感丰富多元，令人回味无穷。另外，作为一个海岛胜地，这里也以海鲜闻名，各种新鲜肥美又便宜的海产，可以让人吃个痛快。

跟大厨学做菜

●哪里学做菜：可咨询各大饭店、Bumbu Bali、Bumbu Bali Baru、Laka Leke、瓦扬咖啡馆、月神之屋。

巴厘岛料理的特色是将大量香料捣碎混合，熬制成适合鱼、肉、蔬菜等不同食材的锅底。在巴厘岛有不少提供烹饪课程的地方，如果你喜爱这种美食文化，不妨尝试一下，课程不只教授食物的烹调，而是从食材的挑选教起，学员们一早就要跟着大厨到市场买菜，学习香料以及鱼、肉、蔬果的辨识与挑选等。

接下来便是烹饪课程，一堂课下来，可学会十多道香料锅底的做法！最后，一道道香味四溢的巴厘岛菜品就上桌了，午餐时就可享用这些自制美味，趣味十足！

水上活动乐翻天

●精选水上活动：库塔海滩、水上公园、新库塔海滩、海底漫步、Quicksilver、沙努海滩、蓝礁湖海滩、Odyssey、阿梦湾、阿美、土蓝弃。

在巴厘岛最过瘾的，莫过于无数丰富有趣的水上活动，如香蕉船、独木舟、水上摩托车、飞鱼、冲浪、潜水……绝对让你乐翻天。这当中最新推出的水上活动是"海底漫步"，不需要玩家会潜水或游泳，只要戴上有氧气的头盔，便可在水中与珊瑚和鱼群共舞。或者你也可以来到美丽的东海岸，搭乘Odyssey潜水艇出海，欣赏绚丽缤纷的海底世界；而搭乘快艇Quicksilver除了可浮潜欣赏珊瑚礁和热带鱼群，还可从事各种水上活动。在库塔地区则有一座水上公园，里面有各种惊险刺激的水上设施，也必定会让你大喊过瘾。

日落美景永留存

●精选日落美景：库塔海滩、乌鲁瓦图庙、金巴兰海滩、新库塔海滩、海神庙。

巴厘岛的夕阳美景，拥有一种恬静之美，其中海神庙日落更是独步巴厘岛——汪洋无垠的印度洋在望，海神庙作为前景，晚霞的余晖照耀在波光粼粼的海面上，衬托着庙宇的剪影，此情此景令人无法不为之心动。

库塔海滩永远人气十足，傍晚时分可以来这里喝啤酒、看落日。金巴兰海滩则以夕阳晚餐而受到游人的青睐，近傍晚时分，很多人都喜欢到海滩上抢个好位子，点了美食好整以暇地等待落日到来。新库塔海滩堪称是全巴厘岛最为洁净的海滩了，在这里就算只是静静欣赏夕照，也会有一种难以言喻的感动。

乌鲁瓦图庙矗立在直落碧洋的高崖顶，它那昂首迎着夕阳的身影闻名遐迩，每到傍晚，总引来各国游客以不同的语言争相赞叹。赏落日的另外一种方式就是在努沙杜瓦的北端，也就是南湾搭乘游艇做海上巡礼，在愉快的气氛下，看着金黄色的夕阳慢慢地消失在海平面，别有一番浪漫滋味。

温泉圣泉沐浴乐

●哪里泡汤泡圣泉：圣泉寺、恒河圣泉花园、班嘉温泉。

你可能不相信，在巴厘岛还能泡温泉，在这个岛上共有4处温泉地带，分别位于西北的Banyuwedang和班嘉、中部Penebel的Yeh Panas和金塔马尼附近的Toya Bungkah，其中班嘉温泉最为人所熟知，而且已经辟有公共的温泉池开放给游客，其余的地点则可到周边的旅馆享受私人温泉。由于它们皆属山地区域，因此气候偏凉，在这里边悠哉赏景边泡汤，实在惬意！

此外，在巴厘岛中部的圣泉寺和东北部恒河的圣泉花园，分别有2座圣泉，虽然并非温泉，但因为水质特别纯净，被当地人视为珍贵的圣水，因此也推荐游客前往体验。

婚纱照的甜蜜留影

●如何拍摄美丽婚纱照。

国内拍摄婚纱照的地点大同小异，如果想要与众不同，不妨到巴厘岛取景。你可以依据自己的喜好和预算选择拍摄时间和地点，工作人员、化妆师和摄影师会全程陪同，而婚纱、礼服、配饰或各项拍摄配备，都可以依需求在当地选择。而且不一定非得结婚才行，如果贪恋巴厘岛的美好风光，也可以来此拍摄写真集、亲子照和全家福。

徜徉动植物乐园

●参观动植物园：猴林、鸟园、巴厘岛野生动物园与航海公园、巴厘岛植物园。

占地 50 公顷的巴厘岛野生动物园与航海公园，栖息着各种野生动物，游客来到这里，只要坐上园内专属的游览车，便可欣赏来自全世界的 60 种共 100 多只野生动物。

在巴土布兰近郊有座鸟园，在园内可观赏到超过 250 种、约 1 000 只的鸟儿；乌布猴林里的猴群为巴厘岛猕猴，数量有上百只，它们不但不怕人，有时甚至还会逗弄游客；位于百度湖附近的巴厘岛植物园 (Bali Batanic Garden) 内，共栽种了 4 500 种以上的植物，由于面积宽阔，又没有过多人工藩篱或建筑，因此与一般植物园相比，它更像是一座看不见尽头的森林，成为最受大众欢迎的避暑胜地。

办一场众神祝福的浪漫婚礼

●哪里可以举办梦幻婚礼：可咨询各大饭店。

选择在巴厘岛这个充满众神祝福的浪漫之地完成终身大事，已渐渐成为潮流，不论是浪漫的海边、神圣的庙宇，甚至是租只游艇出海，或是在王宫里举行婚礼，种种看来如电影场景般的婚礼场面，在巴厘岛很容易就可美梦成真。

这个充满神圣气氛的热带岛屿上，有着亲切又热情的巴厘岛居民，他们处处以微笑迎人。而当地深具特色的音乐、舞蹈表演，更可为婚礼添上迷人的色彩。如果对于法规不熟悉，可委托饭店或婚礼公司代为办理。

参观博物馆感受文艺气息

●博物馆之旅：沙努、登巴萨、乌布。

巴厘岛是个拥有丰富内涵的艺术殿堂。其中又以乌布最具文艺气息，在过去，知名的艺术家蓝帕德、德国的 Water Spice、荷兰的 Rudolf Bonnet 和 Arie Simth 等都曾因为爱上这片土地，而将其艺术才华在此发挥得淋漓尽致，也造就了乌布艺术在国际上的成就。现今，你可以在内卡艺术博物馆、ARMA 美术馆、卢丹那美术馆、鲁基桑博物馆等处欣赏到来自海内外知名艺术家的精彩作品。不仅在乌布，在登巴萨的巴厘岛博物馆、史帝加里指画博物馆、沙努的勒梅耶儿博物馆等处都可以欣赏到极为珍贵的宫廷文物、宗教法器和艺术品。

13

欢天喜地祭典游

● 近3年安宁节日期：2010年3月16日、2011年4月4日、2012年3月23日。

巴厘岛人的生活可以说是大大小小的祭祀、庆典、乐舞的总合。每天例行的祭祀不可少，而依照巴厘岛每210天的历法——巫库历（Wuku），每个庙宇都有年度大庆，也就是建庙日——Odalan。在三步一小庙、五步一大庙的巴厘岛，可说是每天都能碰上庙庆。庆典无论大小，丰盛的鲜果祭品、精心编织的圣物样样不少，游客若想参与，好客的巴厘岛人通常也不会拒绝。

除了寺庙庆典，有几个重要节庆更是全国同庆，新年就是其中之一。依照巴厘岛的另一种历法——萨卡历（Saka），每350多天便是新年的到来，也就是安宁节（Nyepi）。这天巴厘岛人以沉默来庆祝节日，不准喧哗，也不开灯点火，因为巴厘岛人认为这天必须是和谐的开始，而安静就是自律与美德的展现。在安宁节的前一天则会有Ogo Ogo庆典，Ogo Ogo指的是以竹皮编制，以纸包裹，再在外头上色的大型魔怪神偶。岛上男性将制作好的Ogo Ogo带到街上游行，场面壮观热闹，犹如一场嘉年华。游行后人们会将神偶烧掉，以此迎接第二天安宁节的到来。

此外，若有幸参加巴厘岛人的婚葬典礼，更可体验他们的人生态度。信仰印度教的巴厘岛人相信人世轮回，认为死亡是另一段生命的开始，看待死亡不悲不凄，葬礼也显得热闹喜庆。巴厘岛人一般采用火葬，由祭司接引度化后将遗体火化，最后将骨灰撒进海河里，在少女的舞蹈中完成仪式。

在北海岸与海豚共舞

● 哪里赏海豚：罗威那。

巴厘岛北方海域为海豚聚集处，不过想看海豚可得辛苦一点，因为当地的海豚常于清晨时分出没。所以，游客得起个大早，于清晨坐着两旁架着支杠的渔船出海赏海豚，据说这时看到海豚的几率相当高。在欣赏海豚之余，还可以欣赏难得的海上日出美景，可说一举数得。

红树林生态探索

● 红树林之旅。

沙努地区近来开发了红树林之旅，由于这片林地仍保持原始干净的自然状态，运气好的话可以看到各种鸟类、螃蟹、巨蜥和蛇，船夫还会带你抓螃蟹，新鲜有趣。

从红树林出来，继续前往海上养殖场，你将亲见渔民如何养殖龙虾和鱼类，你也可以向他们购买这些时鲜，带上岸后交由餐厅烹制。

接下来，船夫再带领大家到附近海域浮潜，欣赏各种美丽的珊瑚和鱼类，约半小时后返回岸边，此时便可大啖烧烤海鲜或下午茶了，爱玩的人则可到海边玩独木舟、水上摩托车等项目，或是沿着岸边骑单车，享受一个轻松午后。

学跳舞拼才艺

●哪里学才艺：乌布。

　　巴厘岛的人身材都很好，除了不使用化学成分香皂浴油这一原因外，还与经常出入大小庙宇并借此运动、到河边洗澡，以及吃自己种植的"有机"蔬菜有关。不过最重要的是，他们有着丰富的舞蹈文化，每个人从儿童时期开始，就已经熟悉音乐的节奏，打下了很好的跳舞基础。由于巴厘岛的人经常跳舞，想要身材不苗条还真难！因此，来到这里，不妨找个机会学学巴厘岛舞蹈吧！

　　想学巴厘岛舞，就该先学"雷贡舞"（Legong），它涵盖一切巴厘岛舞蹈的基本舞步，同时也能锻炼身体肌肉。不过虽然说是基本动作，学习的过程也不容易。拿"雷贡舞"的"川东"（Condong）来举例，先从脸部肌肉开始，练习以意念去除手、脚、手指等部位的感觉，接着必须记住每个"术语"的提示意义。接下来的几个动作，比如双臂平举、将重心移至身体右边（巴厘岛人称 Agem Kanan），更让大家吃足了苦头；在感到双腿、双手开始发麻的同时，还得控制手上的两把扇子，并维持脸上的庄严表情，而且在微笑的时候还要以"不露齿"为美。

　　事实上，来到巴厘岛不仅可学跳舞，还可学习绘画、甘美朗（印尼传统音乐）、木雕、Batik、Ikat、Offering、制作银饰、缝制、制陶等各项才艺，为自己打造一个充满艺术气息的假期。

欣赏精彩的巴厘岛舞蹈

●13种巴厘岛舞蹈全览。

　　巴厘岛的舞蹈与宗教有着密不可分的关系，不仅舞蹈的情节多源自与宗教相关的传说，而且女性舞者以金色锦缎紧裹上身，将自己视同"供品"奉献给神祇，更直接说明了舞蹈对巴厘岛民众而言并非单纯的娱乐，而是与神沟通的方式。

　　欣赏巴厘岛舞蹈也成为游客体验当地文化的最好方式，欣赏舞蹈不仅要看热闹，还要看门道，在看表演之前如果能对舞蹈表现的故事有所了解，则可以看出更多趣味。

炎炎夏日的清凉泛舟

●哪里泛舟乐：爱咏河。

在巴厘岛泛舟的首选地点是乌布爱咏河，首先会途经陡峭的河谷、阡陌梯田以及茂密的雨林等风景优美之处。随着水流渐渐湍急，大家必须同心协力，一起划过惊险处，遇到特别危险的地方，还会引起所有人的惊声尖叫，实在刺激，一趟下来需 1.5 ～ 2 小时。

自由自在单车行

●哪里骑单车：沙努海边单车道、巴杜单车之旅。

近来很流行在巴杜山附近骑单车，它之所以老少皆宜，是因为全程都是下坡，从金塔马尼高处往中部乌布方向骑，根本不用花费什么体力，一路凉风徐徐，让人感到轻松惬意。途中还会经过不少农庄、村庄、梯田和寺庙，导游也会适时叫大家停下来，讲解特色植物和历史人文。

另外，目前在库塔和沙努也辟有单车道，这两条道路沿海滩而建，可以一边骑车一边欣赏海天一色的美景。

欣赏巴厘岛建筑

●巴厘岛建筑的建造。

巴厘岛的建筑非常值得探究，巴厘岛人相信大自然间有不可抗拒的力量，认为植物、动物、草木土石皆有生命。因此，当一个巴厘岛农夫开垦田野时遇到巨石或树木，总是巧妙地绕过它们继续开垦。巴厘岛人同时信奉化身神祇，例如稻米女神 Sri Dewi、雷神 Indra……他们把多元的文化与以丰富的神话故事衍生出的信仰，也用在巴厘岛的建筑中。

另外，巴厘岛的每间房子必定有楼阁和花园，前者如同中国古代楼阁，在功能上融入了对风俗与气候的考虑。巴厘岛传统楼阁的设计非常复杂，融合几个世纪以来爪哇、中国与印度风格；楼阁的屋顶、主体、基座 3 部分结构配合着巴厘岛人的宇宙观，人类的一切创作皆被视为生命体，建筑物纯以接榫方式建构而成，象征生命的气息自由循环。

Bali Eternal Paradise 提供
峇里岛资讯摩

New!!

美丽海角的爱情见证

到巴厘岛
拍婚纱照

　　不断推陈出新的巴厘岛，现在又有了新话题，那就是到巴厘岛拍婚纱照。
新人们不用再负担昂贵花费，只要利用旅游度假时的小段时间，即可由当地专
业的摄影团队，为新人们在无与伦比的梦幻美景中，留下这一生最幸福浪漫
的画面！

17

众所周知，巴厘岛是结婚蜜月度假胜地，不少人会选择在这个美丽的海岛，举办一场梦幻婚礼；然而，海外婚礼耗时费财，不是人人皆可拥有，为了让所有新人都有机会在这个被誉为"众神之岛"的天堂接受祝福，当地婚纱摄影团队推出巴厘岛婚纱摄影，让新人们能在蓝天碧海的簇拥下，留下这一生最幸福的印记！

与众不同的婚纱照

国内拍摄婚纱照的地点大同小异，如果想要与众不同，那不妨到国外取景吧，特别是来到巴厘岛这样的美丽天堂，心情惬意放松，拍出的张张照片都是最幸福甜蜜的时刻。

花小钱留下难得回忆

如果在国内请婚纱公司拍摄外景，得负担所有工作人员的机票和食宿费用，但现在，如果利用假期时间的半天或一天时间，请当地的专业摄影师拍摄，则费用将大大减少。

多种搭配制造惊喜

你可以依据自己的喜好和预算选

♥来拍照

8:00
一早先来化妆弄头发。

9:30
换上"漂漂"的礼服啰！

10:00
准备开始拍照，先拍内景。

10:40
再来换另一套造型。

11:00
接着换拍外景，外头风光真不错。

择拍摄时间和地点，工作人员、化妆师和摄影师会全程陪同，而婚纱、礼服、配饰或各项拍摄道具，都可以依需求到当地选择。

因此，追求浪漫的人，可以偷偷瞒着另一半安排一切，到了巴厘岛再给对方一个意外惊喜。

张张精彩不错过

不像在国内拍照，得因为预算决定照片张数，在这里，婚纱摄影团队不但会提供相簿，还会将全数婚纱照刻录到光碟里，让你们全部带回。

个人写真美好纪录

不一定非得结婚才行，来到这里不仅可以拍摄婚纱照，如果贪恋巴厘岛美好风光，也可以单独或和亲友拍摄写真集、亲子照、全家福……留下美好回忆。

摄影团队

· Denny

至今已有16年的婚纱摄影经验，曾参加雅加达婚纱及外景摄影比赛，2005年获得巴厘岛风景和婚纱外景摄影比赛总冠军，并担任中国和日本婚礼公司指定专业摄影师，2009年担任印尼政府举办的巴厘岛传统艺术节指定摄影师，摄影作品崇尚自然。

· Rick

至今已有14年的婚纱摄影经验，2007年获得巴厘岛风景及婚纱摄影比赛总冠军，并担任中国和日本婚礼公司指定专业摄影师，2009年担任政府举办的巴厘岛传统艺术节指定摄影师，摄影作品深富意境。

Bali Eternity Wedding

Jln.Pulau Singkep No. 3B, Denpasar
(0)361 2795572
www.Balieternitywedding.com
Eternitywedd@gmail.com

时间	费用	内容	地点选择
半日	400美元	●4小时专业摄影，可选择1组地点拍摄。 ●专业化妆师(可选择在饭店化妆)。 ●相簿两本，含20cmx30cm照片30张。 ●光碟附全部照片。	1.新库塔海滩(New Kuta Beach Club)—努沙杜瓦花园(Nusa Dua Garden Area)—Water Blow 2.沙努海滩(Sanur Beach Club)—努沙杜瓦(Nusa Dua Area)—Water Blow 3.艺术中心(Art Centre)—巴厘岛博物馆(Museum Bali)—红树林(Mangrove Forest) 4.沙努海滩(Sanur Beach Club)—巴厘岛博物馆(Museum Bali)
一日	700美元	●8小时专业摄影，可选择1组地点拍摄。 ●专业化妆师(可选择在饭店化妆)。 ●新娘婚纱。 ●相簿两本，含20cmx30cm照片30张。 ●光碟附全数照片。	1.新库塔海滩Klapa Lounge(梦幻海滩Dream Land Beach)—努沙杜瓦(Nusa Dua Area)—Water Blow—艺术中心(Art Centre)—红树林(Mangrove Forest)—黄昏海滩(Tegal Wangi)/梦幻海滩夕阳(Dream Land Beach for Sunset) 2.艺术中心(Art Centre)—Bajra Sandi—红树林(Mangrove Forest)—水坝(Tukad unda)—黄昏海滩(Tegal Wangi Beach For Sunset) 3.艺术中心(Art Centre)—乌布梯田(Tegal lalang)—康迪达沙东海岸(Candi Dasa)—水坝(Tukad unda)—梦幻海滩夕阳(Dream Land Beach for Sunset) 4.王宫（Taman Ujung Klungkung）—康迪达沙东海岸(Candi Dasa)—水坝(Tukad unda)—红树林(Mangrove Forest)—黄昏海滩(Tegal Wangi Beach For Suncet)

注：可再依需求自费选择婚纱、巴厘岛传统服装、花球、气球、相簿、4或8小时随程DVD摄影……

曼妙神采!

13种巴厘岛
舞蹈一网打尽

没有大幅度的动作,不用华丽的舞台,巴厘岛人的跳舞只是希望能与神对话,并把自己视为"贡品",献给至高无上的神祇……

巴厘岛的舞蹈与宗教有着密不可分的关系，巴厘岛人想要保持灵性进化，不受轮回之苦，因此，他们会通过大、小庙会仪式，如寺庙典礼、婚礼、火葬仪式、家庙典礼，献上舞蹈和音乐以款待神明。

所以，巴厘岛舞蹈的情节多源自与宗教相关的传说，女性舞者以金色锦缎紧裹上身，毫不隐讳地勾勒出身体的曲线，将自己视同"贡品"奉献给神祇，直接表明"舞蹈"对巴厘岛民众而言，并非单纯的娱乐，也是与神沟通的方式。

雷贡舞Legong

优雅的雷贡舞是许多舞蹈家钟爱的舞剧，传说它原是仙界的舞蹈。由于舞蹈强调抽象的肢体动作，有时可能会让你摸不着头绪，不过，单单是华丽的服饰造成的视觉冲击，也是一种享受。

巴厘岛战士舞Baris

这支战士舞全然是为赞颂男子气概而生。独舞的男子头戴贝壳装饰的三角帽盔，以瞪眼、耸肩、踮脚、蟹行的姿态，表达战士在沙场临敌时的心境，或自负、或无畏、或震惊、或痛惜，激昂的鼓声伴随着舞者举手走步，场面动人。

凯恰舞Kecak

凯恰舞的背景是百来位男性合声吟咏的"Chak-Chak"声，配着忽明忽暗的火柱，瞬间把观众领进一种诡异莫名的氛围中。这支舞源自祭祀中集体催眠的仪式，1910年在东部的Bona，经"琵它玛哈"绘画协会的美术家Walter Spies的改编，添加了印度史诗Ramayana的故事情节，经此蜕变，凯恰舞声名大噪，游客为之着迷。

腾南亚加亚Teruna Jaya

这支表现年轻人在成长过程中心境转变的舞蹈颇富深意，舞者简明利落的动作，挥洒出年轻人独有的热情与活力。你不见得非得明白每个动作代表的意义，它所要表达的其实很直接，放轻松点欣赏，便不难感受到它排山倒海的气势。

巴龙舞Barong

舞蹈中的两名主要角色Barong和Rangda，分别代表着善与恶两股势力。前者的外形与中国的舞狮有几分相似，后者是个突眼獠牙的巫婆，两方难分难解的争斗贯穿了全剧，高潮部分是拥戴Barong的村民被Rangda施咒，以波形利刃自残，此时守在后台的祭司及时现身泼洒圣水以控制场面，Barong也随之上台，一一为舞者解除魔咒。舞剧便在舞者困顿疲惫的神情中落幕，至于Barong与Rangda的善恶之争，则留下了持续对峙的结局，没有胜败的结论，反映了人世间丑恶与良善并存的真况。

托宾假面舞
Topeng

巴厘岛的面具种类多达三四十种，巴厘岛人相信这种通过面具贯穿神性的舞蹈，蕴藏着很大的能量。由于面具具有强烈的人格色彩，能充分改变人们对角色的印象，因此，舞蹈是"面具"在讲话，而非仅仅是穿戴者的表演而已。当一个有神圣力量的面具被舞蹈家戴上时，实际上舞蹈家将成为这个面具所描绘的人物或神祇。

欧蕾唐姆林林安
Oleg Tamulilingan

"Tamulilingan"是"大黄蜂"的意思，1952年，巴厘岛知名的舞者马利欧创造了模仿大黄蜂求爱的双人舞，两名舞者在台上飞舞穿梭，表现求爱调情的动作，浅显易懂，而且赏心悦目。

凯比亚川朋Kebyar Trompong

这是舞蹈与乐器相结合的一项表演，由于舞者必须在特定的音乐节奏中舞蹈，而且乐器挡住了舞者下半身，只露出上半身，所以舞者大部分时间是以坐并弯腰的姿势完成舞蹈的。

凯比亚嘟嘟
Kebyar Duduk

这支舞蹈难度很高，几乎大多在旋转与半蹲坐过程中进行，舞蹈者须与乐手密切合作，由整个甘美朗乐团带动舞者的移动，其中舞蹈家向着鼓手的方向，然后鼓手利用鼓弦松紧产生高低音，以模拟抽象语言传递信息给舞蹈者的这段最为精彩。

贾克Jauk

是假面舞的一种，主角是令人胆颤的邪魔，一双肿胀的双目和一副不怀好意的笑容是它固定的表情，恶魔暴怒无常的行径是舞者演出的重点。

瓦扬库利Wayang Kulit

在巴厘岛，Wayang Kulit 皮影戏是最受市井小民喜爱的戏种，除了表演内容贴近生活，民众趁着观戏交换街头消息、联络感情，更是皮影戏能无远弗届扎根的主因。

潘扬布拉玛舞Panyembrahma

巴厘岛上有着Panyembrahma 和 Pendet、Gabor 等多种迎宾舞，最早是在宗教仪式中为迎神而舞，后来演变成在庆典开幕时为迎宾而跳。几位女子在台上以整齐划一的动作展现待客的喜悦，舞蹈最高潮时将鲜花撒向四方，满溢着花香的祝福很受观众欢迎，无怪乎它常被列为暖场的舞蹈。

桑扬舞Sanghyang

具有神秘色彩的桑扬舞，原是村镇中驱邪的仪式，现在搬上了舞台，让西方人看得目瞪口呆，但国内游客可不觉得稀奇，这种起乱现象咱们可不陌生，反倒可以抱着"观摩"的心态来观舞。

舞蹈名称	地点	时间
巴龙舞Barong Dance	Sidan	每天21:00
	基阿量Gianyar	每天21:00
巴龙舞和剑舞Barong & Kris Dance	巴土布兰Batubulan	每天9:30、10:30
	乌布王宫Puri Saren Agung	周五18:30
	Catur Eka Budi, Kesiman, Denpasar	每天21:30
Calon Arang Dance	Mawang, Ubud	周五、周六19:30
儿童巴龙舞Children's Barong Dance	鲁基桑博物馆Museum Puri Lukisan	周日10:30
传统面具和雷贡舞 Classical Mask & Legong Dance	Br. Kalah, Peliatan, Ubud	周二19:30
Gabor Dance	乌布王宫Puri Saren Agung	周四19:30
凯恰舞Kecak Dance	Padang Tegal, Ubud	周日19:00
	Puri Agung, Peliatan	周四19:30
	Catur Eka Budi	每天18:30
	Werdi Budaya.	每天18:30
凯恰舞和火舞Kecak & Fire Dance	Bona Village	周一、周三、周五、周日19:00
	巴土布兰Batubulan Village	每天18:30
雷贡舞Legong Dance	乌布王宫Puri Saren Agung	周一、周六19:30
	Peliatan Village	周五19:30
	Pura Dalem, Ubud	周六19:30
雷贡舞和巴龙舞 Legong & Barong Dance	Br. Tengah, Peliatan	周三19:30
Mahabarata Dance	Teges Village, Ubud	周二19:30
Raja Pala Dance	乌布王宫Puri Saren Agung	周日19:30
Ramayana Ballet	Pura Dalem, Ubud	周一20:00
	乌布王宫Puri Saren Agung	周一、周二20:00
桑扬舞Sang Hyang Jaran	Benoa Village	周一、周三、周日19:00
	巴土布兰Batubulan	每天18:30
皮影戏(瓦扬库利) Shadow Puppet Show (Wayang Kulit)	Oka Kartini's, Ubud	周三、周日20:00
Sunda Apasunda	乌布王宫Puri Saren Agung	周三19:30
托宾假面舞Topeng Dance	Br. Klalah, Peliatan,	周二19:30
女性甘美朗和儿童舞蹈 Women's Gamelan with Children Dancers	Peliatan Village	周日19:30

以上信息时有变动，正确信息请以当地实际公告为主。

哪里看舞蹈表演

想要看巴厘岛最地道的传统舞蹈表演，一定要到乌布去。乌布几乎每天都有艺术表演，尤其是乌布王宫 (Puri Saren Agung)。由于舞蹈表演时间有时会变更，最好到主街 Jl. Raya Ubud 上的乌布旅游服务中心询问最新的表演信息。

巴厘岛

传统美食好滋味

　　来到巴厘岛，固然可以品尝到众多融合了世界各地美食特色的混合美食，不过想要入乡随俗的游客可不能错过当地特有的巴厘岛食物。巴厘岛美食擅长将香料融入食物里，同时结合了印度尼西亚各地及东南亚一带食物的精华，桌上呈现的是丰富多元的口味，让人忍不住一尝再尝、回味无穷。

春卷Lumpia

将炒好的胡萝卜、肉、豆芽、卷心菜包入春卷皮后油炸而成，吃时再蘸上店家提供的酱料，其实跟我们吃的春卷很类似。

花生酱生菜沙拉
Gado—Gado

是很经典的印度尼西亚传统美食，生菜配上白煮蛋、虾饼，再淋上花生酱而成，一般作为沙拉或前菜，吃起来清爽开胃。

椰浆黑糯米
Bubur Injin

将黑糯米加入 Daun 叶一起熬煮，再加上一点盐和砂糖，起锅时可以依个人喜好加入一点菠萝蜜或是香蕉块，最后淋上椰奶，就是一道很香的巴厘岛甜点。

蕉叶烤鱼Pepes Ikan Laut

不一定是哪种鱼，先将鱼与香料腌渍，同时将柠檬、甜辣椒、番茄、姜、大蒜、丁香、葱、胡椒、柠檬草、虾酱、香菜等（各家使用的作料和香料略异），切碎、研磨、混拌后热炒，有时还会加入咖喱调味料；再与鱼混合，一起放入香蕉叶后蒸煮，之后烘烤一下便大功告成。烤鱼口感有点辣，很开胃，也是巴厘岛的传统美食。

鸡肉汤Soto Ayam

这是一道将鸡肉和柠檬草、姜、柠檬、番茄或辣椒等香料，和鸡蛋及粉丝或面一起烹调而成的汤，味道超级清香鲜美。它同样是最家常的美食，几乎在所有印度尼西亚餐厅都点得到，口味略异，但都很好喝。

绿椰丝卷Dadar Gulung

将以斑兰叶染成绿色的树薯粉团成皮，里面包了红糖和椰丝作为馅料，卷成春卷状，外头同样再洒上椰丝和红糖，吃起来既不腻也不会过甜，面皮则很有弹性。

海鲜Seafood

巴厘岛丰富的海鲜既便宜又新鲜，如在国内价格昂贵的龙虾，在巴厘岛就很普遍。当地一般将海味以香料腌渍过后，以烧烤的方式烹调，吃时搭配酱料就很美味了。金巴兰海边海鲜炭烤最为有名。

脏鸭 Dirty Duck

取名"脏鸭"是因为鸭子都来自乡野间生长的"土鸭"，它们每天在泥泞的稻田间玩来玩去，看起来脏脏的，所以才取名"脏鸭"。脏鸭的鸭只比一个巴掌大一点点，再大的鸭子肉质可就太硬不好吃了。鸭子宰杀后要先做"按摩处理"，接

下来以特调的多种香料水煮2～3小时，等入味后再油炸至半熟，待客人要吃时再炸至全熟，做一只脏鸭约需6小时。真正地道的脏鸭吃起来外皮酥脆，肉质却是很香很嫩，吃时再蘸着店家的自制酱料，就更相得益彰了。巴厘岛最有名的脏鸭店在乌布的 Laka Leke。

沙嗲Sate

东南亚一带的沙嗲美食都很精彩，它们通常是将鸡、猪、牛、羊或海鲜先加入香料一块腌渍，等到入味后，再串到一根根柠檬草上烧烤，烧烤后的沙嗲通常就很美味了，喜欢重口味的人，还可以再蘸点店家提供的或辣或酸或甜的蘸酱。位于努沙杜瓦的Bumbu Bali和Bumbu Bali Baru的沙嗲值得推荐。

什锦饭Nasi Campur

巴厘岛常见的什锦饭，通常是在盘中放上黑芝麻、香料及淋上浓汁的白饭，四周则搭配5～6样菜，例如肉类、腌渍蔬菜、新鲜生菜、卤蛋、豆腐、虾饼、沙嗲……它有点像是我们常吃的自助餐，价格一般都很便宜，而且可以吃得很饱。

炒饭Nasi Goreng
炒面Mie Goreng

当地人常以巴厘岛炒饭和炒面作为早餐，它以当地生产的米饭和鸡蛋面作为主料，加入鸡肉或猪肉、卷心菜等配菜，辅以甜酱油或辣椒酱以及各式调味料、香料拌炒，起锅后，再配上沙嗲、虾饼或荷包蛋、腌渍蔬菜，就成了一份美味可口的食物。这是当地最平民化的美食，价格通常非常便宜，在任何一家主营印度尼西亚菜的餐厅都吃得到。

烤乳猪Babi Guling

烤乳猪是巴厘岛祭典时常见的供品,当地人会挑选3～4个月大的25～40公斤重的乳猪,宰杀后先去毛、除内脏,再在肚子里塞入10余种香料和地瓜叶,并用绳子绑住,从嘴到尾巴以木棍穿过架在火上烧烤,边烤边在外皮涂抹加了姜黄、蒜的椰子油,等到外表颜色完全变成黄褐油亮后就大功告成了。除了祭典,现在到处都可以看到专供游客的烤乳猪店,选取的猪个头较大,为7～10个月大的80～100公斤重的猪仔,烤好的乳猪吃起来外皮香酥、肉质细嫩。巴厘岛最有名的烤乳猪店是位于乌布的Warang Babi Guling。

姜黄饭Nasi Kuning

姜黄饭通常出现在祭典或生子、生日等庆典中,它是将巴厘岛的米以姜黄汁和鸡汤、椰奶,以及丁香、肉桂或柠檬草等依各家喜好不同而有所差异的香料,一起蒸煮而成,煮好的姜黄饭摆成圆锥状用以献给神明;在生日时,寿星会切出最上面的一层,献给自己最重要的人;游客在一般巴厘岛餐厅的菜单上也可以看到姜黄饭,它通常如什锦饭一样,周围也会再搭配各种配菜。

巴厘岛菜单词汇

中文	英文	印尼文
餐巾	Napkin	Tisu
水	Water	Air Minum
汤	Soup	Sup
冷	Cold	Dingin
热	Hot	Panas
甜	Sweet	Manis
辣	Spicy	Pedas
酸	Sour	Asam
饭	Rice	Nasi
面	Noodle	Mi
汤面	Noodle in Soup	Mie Kuah
炒	Fried	Goreng
肉	Meat	Daging
猪	Pork	Babi
鸭	Duck	Bebek
鸡	Chicken	Ayam
牛	Beef	Sapi
鱼	Fish	Ikan
羊	Lamb	Kambing
虾	Prawn	Udang
螃蟹	Crab	Kepiting
鹅	Goose	Angsa
炒菜	Stir-Fried Vegetables	Cap Cai
花生	Peanut	Kacang
马铃薯	Potato	Kentang
咖喱	Curry	Kari
酱油	Soy Sauce	Kecap
辣椒酱	Chilli Sauce	Sambal
胡椒	Pepper	Lada
咖啡	Coffee	Kopi
啤酒	Beer	Bir
香蕉	Banana	Pisang
茶(含糖)	Tea(With Sugar)	The Manis
茶(不含糖)	Tea(Without Sugar)	Teh Pahit
果汁	Juice	Jus
西瓜	Watermelon	Semangka
芒果	Mango	Mangga
番石榴	Guava	Jambu
柳橙	Orange	Jeruk Manis
凤梨	Pineapple	Nanas
山竹	Mangosteen	Manggis
人参果	Sapodilla	Sawo
蛇皮果	Salacca Zalacca	Salak
菠萝蜜	Jackfruit	Nangka

从传统到时尚!

巴厘岛特色
购物大搜索

　　巴厘岛是个完美的购物天堂,不论是本身就深谙艺术品美感的巴厘岛人,还是来自世界各地的设计人才,都凭自身的品味与巧思创造出各式商品,通过自创品牌展现给世人。从传统的巴厘岛手工艺品,到极具时尚感的设计师精品,样样都值得选购。

Batik

　　传统 Batik 指的是源自爪哇中部的一种手工布料，其制作过程十分繁复，首先要将布料运用印模或工具以蜡染方式上色，之后再脱蜡水洗晾干，全程以手工处理，图案也十分讲究，深具艺术价值。Batik 过去是皇家御用商品，直到荷兰人入侵，王室成员流落民间，才将这样的技术带出来，使得 Batik 广泛流传于各地。

　　传统 Batik 颜色以靛青和褐色居多，这也是因为天然植物染料以这两种颜色为主；图案则因各区域有所不同，一般是以花、动物、自然景物和印度尼西亚民间故事为主题，而受到中国文化和荷兰殖民文化的影响，也会出现异国风情的图案，例如中国常见的凤凰、牡丹或是神话故事中的狮子、龙、鸟，以及云龙(Mega Mendung，意为 Dark Clouds)。另外，欧洲人喜欢的郁金香、马车图案，有时也会出现在 Batik 上。

　　传统 Batik 布料常做成沙笼和围巾，现在则广泛运用在服装、帽子、包包、寝具、窗帘、家饰或装饰品中。只要流连街头、市集，就一定可以看到 Batik 商品，许多餐厅和饭店也乐于运用 Batik 打造一个具有巴厘岛风情的环境。

●欢迎来逛逛：d'Topeng、Ista、The Blue Baju、Pithecan Thropus、Chili Chili Bangun、Nava、Toiro。

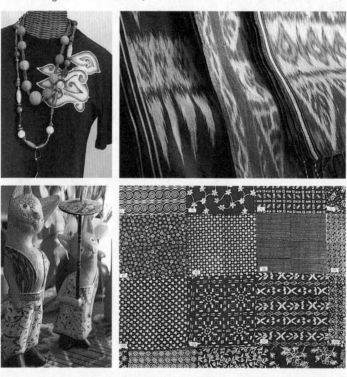

银饰

中部哲鲁(Celuk)是巴厘岛的产银大镇，这里有大大小小的工厂从事制银工作，全程手工制作并开放参观，只是银饰款式较为传统。如果想要买较为时尚精致的，可以到乌布的Studio Perak看看，这里的银饰也是手工制作，款式个性化并结合民族风和流行元素。乌布的Asterisk & Toko Bead和沙努的Sayang的银饰则具有日式风格，款式较为秀气。

● 欢迎来逛逛：Sayang、Studio Perak、Asterisk & Toko Bead、哲鲁。

个性T恤

如同所有旅游地一样，在巴厘岛集市或卖场，也一定买得到写有Bali字样的纪念T恤，但这次不妨换个口味，到库塔、雷吉安、沙努或乌布的街头逛逛，这里有许多精品商店经营由店主人亲自设计的个性T恤，T恤不但具有创意和幽默感，限量生产的模式也让你不容易撞衫！

● 欢迎来逛逛：Viva La Bie、Lestari、Nirmala。

果酱和盐

乌布的Kou Cuisine卖手工果酱和盐，前者有芒果、百香果桔橙、草莓香蕉、苹果肉桂、葡萄蔓越莓、凤梨番石榴、奶油焦糖等口味，后者则分原味和加了药草的海盐，产品天然纯净，可试吃。

● 欢迎来逛逛：Kou Cuisine。

超市商品

有空一定要到巴厘岛的超市逛逛，可以买到不少当地土特产，例如热带水果、泡面、红茶、鸡蛋面、料理包、虾饼鱼饼、甜酱油、辣椒酱。

● 欢迎来逛逛：太阳百货、Mall Bali Galleria、得利超市Bali Deli。

香氛和沐浴用品

在巴厘岛的街头小店经常可以买到芳香、芳疗和沐浴、Spa 用品，如精油、烛台、线香、薰香、香皂、浴盐……选择很多，有些还包装成套，方便送人。如果想买更为精致的产品，乌布有家日本人开的有机香皂店 KOU Organic Soap，香皂包装成糖果状或是做成礼物袋，令人爱不释手。

●欢迎来逛逛：Bail Harum、日内瓦手工艺品中心、Léollé 、Toiro 、KOU Organic Soap。

皮衣

你一定充满疑问，四季炎热的巴厘岛买得到皮衣?没错，由于当地皮质便宜，加上外国游客多（这些人在自己的国家可能就有机会穿到皮衣），在观光市区街头，就有不少皮衣店。其中牛皮、羊皮、蛇皮和鳄鱼皮最为常见，价格也相对合理，一件长大衣才 34 美元，只是款式大多传统过时，所以不妨事先预备好图片或样衣到现场定做，一般也不会另外加价。

●欢迎来逛逛：MOMO 。

古董

在巴厘岛可以看到不少古董店，里面都是店主人从印尼各地搜罗来的古物，例如石雕、陶器、面具、人像、武器和配饰等，这些古物的年代从数十年到上百年不等，价格自然不菲，是玩家寻宝的好地方。

●欢迎来逛逛：d'Topeng、Primitive Style、Macan Tidur。

沙笼和丝巾

在巴厘岛可以买到许多具有民族风情的沙笼、丝巾和围巾，价格差别很大，一般在市场或大卖场买到的是工厂量产制造的产品，花色大同小异，但价格便宜；如果到比较精致的商店购买，其中的产品常是店家独家设计生产的，质优价高且很难讲价。

● 欢迎来逛逛：日内瓦手工艺品中心、Bananas Batik、divya。

33

木雕

巴厘岛四处可见精致的木雕艺术品，其中离乌布不远的马斯(Mas)为木雕重镇，这里的木雕材料多半就地取材，其中以稀有且具有香气的黑檀木最为珍贵。如果想选购大型神像或家具家饰，马斯是最好的选择。在市区街头小店(乌布最多)或市场卖场，也可以看到不少做成猫、青蛙、狗、长颈鹿形状的小型木雕，雕工称不上细致，但上了色的模样特别可爱，而且造型多变，每年还会推陈出新，例如猫咪木雕从传统的钓鱼造型进化为现在的婚纱造型、赛车造型，可爱到让人想要把它们都带回家。

●欢迎来逛逛：日内瓦手工艺品中心、Meong Shop、Lestari、Kimmy-Chan Club、马斯

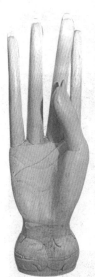

童装和玩具

在巴厘岛有不少童装店，其中雷吉安的Legian Kidz童装店以花色鲜艳、价格便宜为特色；乌布的Helenea n'Kids、Kimmy-Chan Club这两家以店主独家设计的限量童装为主，较流行；沙努的Hug Bug是儿童服饰玩具专卖店，有些款式是店主夫妇去世界各地旅游时选购而来的，款式较为多元化。

●欢迎来逛逛：Legian Kidz、Clara Mia、Hug Bug、Kimmy-Chan Club、Helenea n'Kids。

饰品

这几年巴厘岛开了不少串珠饰品店，店内花花绿绿的项链和手链令人眼花缭乱，你也可以自己挑选珠子，当场请老板替你组串。不过真正令人惊艳的，是时尚服饰店中一件件美丽的饰品，它们通常是独家设计生产，紧跟时代潮流，价格比在国内购买便宜很多。

●欢迎来逛逛：New Bougenville、Classic Talent、Kapal-Laut、Helenea。

印染和蜡染服饰

巴厘岛的蜡染素来闻名于世，素雅的图案耐人寻味，中部的巴土布兰就以蜡染著称。在观光市区，也有不少蜡染、印染服饰店，其中不乏设计师杰作，不但全以手工制作，花色也优雅美丽，部分还结合了印尼Batik图案，兼具时尚感和民族风。

● 欢迎来逛逛：Ista、Bananas Batik、divya、巴土布兰。

狗狗服饰

位于雷吉安的 Dogs Tail，出售独家设计的狗衣服、袋子、项圈、日常用品和装饰品，款式非常可爱。

●欢迎来逛逛：Dogs Tail。

绘画和艺术品

在巴厘岛可以看到不少平民画家开设的画店或艺廊，展示着自己的绘画作品和艺术创作，其中这些店又以充满文艺气息的乌布街头最多。

●欢迎来逛逛：One World Gallery、艺术动物园。

陶瓷

珍嘎拉陶艺中心 (Jenggala Keramik) 生产的陶瓷质地细致、样式简单，不但在印度尼西亚当地有名，在国际上也很受欢迎。总店设在金巴兰，在沙努则有瑕疵品店 Gudang Keramik，价格较便宜。

●欢迎来逛逛：珍嘎拉陶艺中心、Gudang Keramik。

泳装

在库塔、雷吉安一带有不少泳装店，这些泳装多半是由店家独家设计生产的，款式独具民族风情，例如饰以亮片珠或编织毛线，价格一般在 30 美元左右。

●欢迎来逛逛：Summer Chicks、Bikinifuxia、Blue Glue。

椰子油

巴厘岛盛产椰子树，从椰子中提炼出来的椰子油，不但可以食用，也是天然的美容保养圣品，在各大超市或沙努的椰子工坊 (Griya Kelapa) 可以买到相关产品。

●欢迎来逛逛：椰子工坊。

家饰、家具和餐具

巴厘岛的家饰、家具和生活用品店很多，从小件的餐具、抱枕、抱枕套、灯饰、装饰品到大件的灯具、床柜应有尽有，商品质地优良、设计精美，也不乏设计师作品，并接受独家定制。想打造一个巴厘岛风情的家，请一定要来这些店逛逛。

●欢迎来逛逛：PBA、Modula、日内瓦手工艺品中心、St. ISIDOR、Disini、Erika、A-Krea、CALICO Home、Wangi-Wangi Natural。

珍珠

从 2007 年开始，在巴厘岛也可以买到南洋珍珠。其养殖场在水域干净的北部，来到这里可以看到珍珠养殖过程，并有专人教导你如何从大小 (Size)、形状 (Shape)、颜色 (Color)、光泽 (Lustre) 和表面 (Complexion) 五大元素判定珍珠价值。如果觉得距离太远，在沙努和乌布也有专卖店可以选购。

●欢迎来逛逛：Atlas South Sea Pearl Farm。

设计师服饰和配件

　　许多旅居在巴厘岛的外国人，会选择在这里开家店面，经营自己或朋友独家创作的服饰，例如洋装、上衣、裤子、首饰、包包、鞋子……有些服饰深具时尚感，有些则融入了当地民族风情，样式十分多元，从小女孩到成年妇女、从青少年到中老年人士，不管是想作为休闲、上班、逛街还是参加Party之用，都有不少的选择。

●欢迎来逛逛：Juice、ERNOV、Hippi Chic London、Soul Sister、DUNA、Lily Jean、KNIT、by the sea、SKS、Puravida、Kasai、Be、Prasada、7 Pers、Puspita、Magali Pascal、Ibisa、A–Krea。

编织包

　　深具异国风情的编织包在巴厘岛随处可见，其中在市场或街头小店卖的品质较粗糙，但价格相对便宜；喜欢质感好一点的人，可至精品店寻宝，比如在沙努有店面的 A-krea 卖的编织包就特别好看。

●欢迎来逛逛：Rama Collection、日内瓦手工艺品中心、A-Krea。

Ata

　　Ata 指的是将巴厘岛东部 Karangasem 森林里所生的 Ata 树的藤蔓，以手工编成各种实用生活用品，如包包、篮子、盘子等。Ata 在很多观光区都买得到，但顿甘纳 (Tenganan) 是发源地，价格也相对便宜。

●欢迎来逛逛：ASHITABA、顿甘纳。

棕榈画Lontar

棕榈画这项来自顿甘纳
(Tenganan) 的古老工艺，
是用尖刀在Lontar棕榈叶
上细刻出图案，然后以熏黑
的夏威夷豆涂抹上色，让图
案渗进深棕色。常见的有以
印度故事《罗摩衍那》
(Ramayana) 为主题的棕榈
画，你也可以要求定做，请
师傅在上面写字或作画，制
作成卡片送人。

●欢迎来逛逛：顿甘纳。

伊卡Ikat和双织布Geringsing

巴厘岛传统编织分为很多种，其中以基阿量 (Gianyar) 的伊卡 (Ikat) 特
别有名。这种以纬线织布的方式，制作过程相当复杂。首先将Endek线进
行纺线，纺好的棉线依图案在关键位置绑上塑胶绳，其用意在于第一次染底
色时予以遮盖不被渲染，染完后解开部分塑胶绳再度上色达成混色效果，如
此动作反复数次后，将染好的纺线卷成线轴，便可以开始纺织。制作伊卡最
困难处是在纺线染色时，就必须把整块布面的图案颜色构思清楚，在纺线过
程就完成图案，中间无法更改颜色图案。由于伊卡的制作大部分采取人工作
业，耗时耗工，因此价格也不便宜，主要用在当地传统服饰中的腰布，也可
作为沙笼、床单、被单和装饰品。

和伊卡有异曲同工之妙的是双织布 (Geringsing)，两者不同的是，前者
纺线织布时只需顾及单向，但后者是经纬双线都要兼顾，因此构思染色和图
案时要更加缜密，也更加费工，一小块面料耗时两三年甚至数十年是经常的
事，因此价格也会动辄高达数十至上百万印尼盾。双织布的发源地在顿甘纳
(Tenganan)，是极为高级的布料，由于售价实在昂贵，只有重要祭典才会
穿戴它，一般家庭会把它当成传家宝。

●欢迎来逛逛：基阿量、顿甘纳。

石雕

自古以来，巴厘岛便以石雕闻名，全岛的庙宇、王宫或是私人房舍中所见到的各种栩栩如生的神像等雕刻，几乎都是来自巴土布兰(Batubulan)这个小村子！这里的石雕多以印度教及佛教中的神佛为雕刻对象，题材则以传说为主，作品多为大件，不易搬运，近年来也有小件石雕生产，也可以定做。

●欢迎来逛逛：巴土布兰。

咖啡

巴厘岛咖啡有"黄金咖啡"的美誉，喝起来味道不酸不涩、较为甘苦，咖啡因低，适合中国人口味。Kopi Bali 和金兔黄金咖啡(Golden Rabbit Coffee)是当地两大品牌，可至工厂或店面选购，前者在超市也有销售。

●欢迎来逛逛：**金兔黄金咖啡**、**Kopi Bali House**、**Kopi Bali**。

巴厘岛，最热门六大玩法

Let s GO!

玩法 1　纵情享受优质SPA

　　快来体验巴厘岛无可抵挡的SPA魅力！用古老而又神秘的方法细心呵护身体，这种从头到脚的宠爱令人身心愉悦、充满活力。

玩法 2　万国美食一网打尽

　　许多在巴厘岛定居下来的异乡人，因为怀念家乡的美味而开始在这个小岛上经营意大利、法国、日本、墨西哥、中国、印度等口味的餐馆，让游客大饱口福。

玩法 3　享受购物血拼的乐趣

　　巴厘岛充满淳朴生命力的艺术品及手工艺品，令全球游客为之痴迷。来到这里，你能买到最独特的丝巾、蜡染布、手工珠宝、家具和木雕，让人大呼过瘾。

玩法 4　品味特色Villa假期

　　入住Villa是前往巴厘岛的游客们最美好的梦境之一，这里一流的风景和设施能让你度过一个足以媲美王公贵族的豪华假期。

玩法 5　夕照海滩悠闲漫步

　　巴厘岛的夕阳和海滩是绝美的风景，你可以在这里冲浪、戏水，也可以静静地坐在海边欣赏夕阳，或是和另一半手牵手在沙滩上漫步。

玩法 6　自然秘境出发探险

　　巴厘岛的东部和北部是探险的绝好去处，不论是探访深山中的神秘庙宇，还是搭船出海欣赏海豚的优美舞姿，都是令人难忘的独特体验。

旅游达人建议玩法

巴厘岛3天2夜

DAY1：乌鲁瓦图寺欣赏日落美景▶金巴兰吃海鲜▶库塔享受热闹夜生活

DAY2：体验SPA▶到雷吉安和塞米亚客享受时尚购物乐趣▶欣赏夕阳美景

DAY3：到巴土布兰欣赏巴龙舞、逛手工艺品店▶乌布享用美食

巴厘岛浪漫之旅3天2夜

DAY1：专车前往码头搭乘豪华游艇展开海上夕阳之旅▶享用晚餐▶饭店休息

DAY2：乌布艺术之旅▶乌布王宫欣赏巴厘岛传统舞蹈▶SPA放松身心 ▶库塔享用美食、酒吧体验夜生活

DAY3：体验Villa▶库塔购物

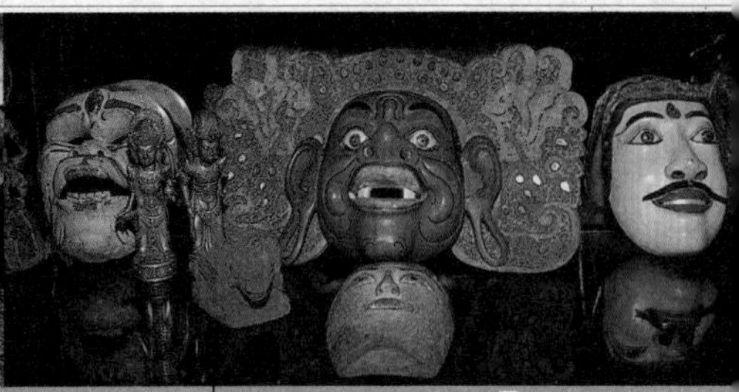

A
B
1
2
3
4
Menjangan Island
巴厘海
罗威那Lov
Seririt
班嘉温泉Ban
水
西部国家公园
巴厘海峡
印度洋
美丽殿Le Me
塞
Ngura
N
乌鲁瓦图庙Pura Luhur
图例
景点
寺庙
自然景观
SPA
旅馆

C

D

Singaraja

翰·哈迪工作室
n Hardi Art Studio

巴厘岛全图

1

Buyan 湖
百度湖Lake Bratan
lun ⊙贝都古Bedugul

巴杜山Batur

⊙特鲁扬村Truyan

2

⊙Bagus Jati

阿页火山Gulung Agung

⊙布沙基寺（母庙）Pura Besakih

⊙圣泉寺Pura Tirta Empul

凯亨寺Pura Kehen
邦格力Bangli

⊙顿甘纳Tenganan

Sangeh 猴林
爬虫公园
乌布
Sayan
eliatan 乌布猴林 ⊙Bedulu
孟威
塔曼阿尤寺
乌园
马斯Mas
哲鲁Celuk
巴土布兰Batubulan

象窟Goa Gajah
昆纳沙博物馆Gunarsa Museum
克隆孔Klungkung
基阿量Gianyar
高阿拉瓦寺Pura Goa Lawah

3

Badung Strait

⊙登巴萨Denpasar

nyhak
义Legian
塔Kuta
机场
baran

⊙沙努Sanur

⊙Tanjung Benoa

Penida Island

4

⊙努沙杜瓦 Nusa Dua

C

D

乌布
Ubud

自从20世纪30年代，西方艺术家被乌布的音乐及舞蹈及其他艺术所倾倒后，乌布就结束了她"养在深闺人未识"的日子。迥异于当地格调的西方艺术，如暴涌的泉源般为乌布注入了一股新鲜的血液，与此同时，巴厘岛艺术也循着这一通道打开了通往世界的大门，其独特的魅力吸引了大量游客慕名前来。在乌布，美术馆看不完，精致的手工艺品让人买到不想走，来到这里你会发现，没有艺术的角落根本就不存在。

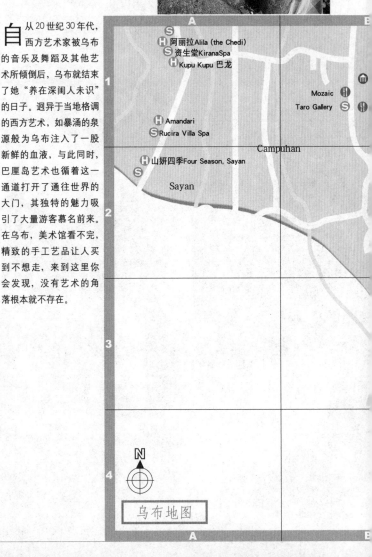

S 阿丽拉Alila (the Chedi)
H
S 资生堂KiranaSpa
H Kupu Kupu 巴龙

Mozaic H
Taro Gallery S

H Amandari
S Rucira Villa Spa

Campuhan

H 山妍四季Four Season, Sayan
S

Sayan

N

乌布地图

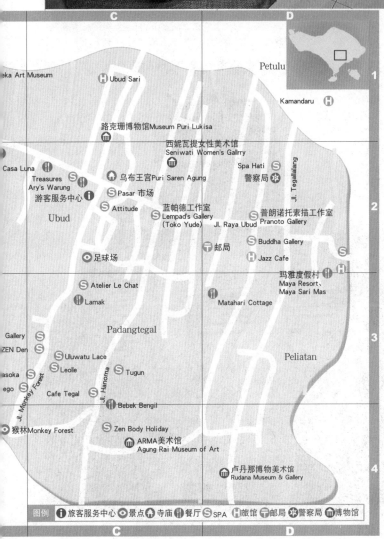

...eka Art Museum

Ubud Sari Ⓗ

Petulu

Kamandaru Ⓗ

路克珊博物馆Museum Puri Lukisa 🏛

西妮瓦提女性美术馆
Seniwati Women's Gallrry 🏛

Casa Luna Ⓘⓘ

Treasures Ⓢ Ⓘ

Ary's Warung

游客服务中心 Ⓘ

乌布王宫Puri Saren Agung 🏠

Pasar 市场 Ⓢ

Attitude Ⓢ

Spa Hati Ⓘ

警察局 ㊉

Jl. Tegallalang

Ubud

蓝帕德工作室
Lempad's Gallery Ⓢ
(Toko Yude)

Jl. Raya Ubud

普朗诺托素描工作室
Pranoto Gallery Ⓢ

邮局 🖂

Buddha Gallery Ⓢ

Ⓢ

足球场 ◉

Jazz Cafe Ⓗ

Ⓢ

Atelier Le Chat Ⓢ

玛雅度假村 Ⓘ Ⓗ
Maya Resort、
Maya Sari Mas

Lamak Ⓘ

Matahari Cottage Ⓘ

Gallery Ⓢ

Padangtegal

Peliatan

ZEN Den

Uluwatu Lace Ⓢ

asoka Ⓢ

Leolle Ⓢ

Jl. Monkey Forest

Tugun Ⓢ

ego Ⓢ

Cafe Tegal Ⓢ

Jl. Hanoma

Bebek Bengil Ⓘ

猴林Monkey Forest ◉

Zen Body Holiday Ⓢ

ARMA美术馆 🏛
Agung Rai Museum of Art

卢丹那博物美术馆 🏛
Rudana Museum & Gallery

图例 Ⓘ旅客服务中心 ◉景点 🏠寺庙 Ⓘ餐厅 ⒮SPA Ⓗ旅馆 🖂邮局 ㊉警察局 🏛博物馆

景点

猴林
Monkey Forest

- P49B4
- Jl. Monkey Forest大街往南的尽头
- 8:00～17:30
- 成年人3 000Rp.、儿童

1 500Rp.

"神创造自然,自然供给人类生活所需,人类则尽义务维护自然。"几句发人深省的短言印在乌布猴林的简介上,言简意赅地表明了乌布猴林的宗旨。

这片猴群的栖息地不仅仅是一个供人休闲娱乐的场所,它还是一处研究地。最近的一次研究是1998年,美国Central Washington大学及巴厘岛Udayana大学灵长类研究中心携手合作,开始了为期5年的

生态探索计划，来自各国的研究员在工作中对猴群的尊重，无形中也为游客上了重要的一课。

生活在这片林木中的猴群为巴厘岛猕猴，学名 Macaca Fascicularis。大约有 125 只猕猴以此地为家，它们依势力划分为 3 组，并于不同时间在各自的地盘内现身活动。这里有很多可爱的小猴子，但千万要提防护子心切的母猴，它们锐利的牙齿随时会令人受伤。切记不要逗弄猴群，并小心眼镜、帽子、背包、皮夹、相机被猴子们抢夺。如果你带了香蕉、木瓜来拜访，不妨交给工作人员喂食。

最后，建议你在来猴林的路上采摘一些木瓜叶，猴群每天以水果果腹，需要调节肠胃的它们若见你

景点

乌布王宫
Puri Saren Agung

 P49C2

 Jl. Monkey Forest 与 Jl. Raya Ubud 两街交会处

 免费

不可一世的气派向来是各国王宫的共同特点，在习惯了其他王宫的倨傲后，初次接触乌布王宫那毫无距离的亲切感，反而会令很多游客有些手足无措。

虽然巴厘王室早已被废除，但实际上，王室在巴厘岛仍拥有着举足轻重的地位，享有王室应有的尊荣，他们的权势延伸至商界与文艺界。如果你对巴厘岛的王室感兴趣，那么光是乌布一地就有约 10 处王宫供你参观，有些还增辟了旅馆或餐厅，让你可以史无前例地亲近皇家生活。

这些王宫以位于 Jl. Monkey Forest 与 Jl. Raya Ubud 两街交会处的 Puri Saren Agung 为首，这座王宫首开风气之先，于 20 世纪 30 年代开放了部分房间，成为乌布第一家旅馆。如今，乌布王宫仍是"半壁皇居、半壁民宿"。在这里你不仅可以入宿王宫，夜晚还可以就近欣赏到纯正的传统舞蹈。体验地道的巴厘岛生活也不过如此吧！

卢丹那博物美术馆
Rudana Museum & Gallery

P49D4

Jl. Cok Rai Tudak No. 44 Peliatan

(62-361)975779

8:00～17:00

免费

　　卢丹那博物美术馆距乌布市中心有段路程，位置稍显偏远，若不是热衷于艺术的游客，多半不会来到这里赏画。

　　这间博物馆兼美术馆的诞生地其实远在南方的沙努，25年前以一个小画廊起家，1978年迁至现址，1995年扩建并成立了美术馆。这20

　　多年来，美术馆一直坚持资助巴厘岛当地以及印尼其他地区的画家，并收藏展示各派画家的作品。不过如今这里的不少画作都带有西方绘画的风格，本土的精神反而不见，不知这应该被视为创意还是妥协。

ARMA美术馆
Agung Rai Museum of Art

P49C4

Jalan Pengosekan, Peliata

(62-361)976659

9:00～18:00

成年人10 000 Rp.，儿童免费

www.armamuseum.com

　　已经有数不清的媒体对ARMA美术馆的主人Agung Rai进行过专访，他的故事俨然已成为乌布的一则传奇。

　　出身农家，十来岁就担起家计在库塔卖画挣钱的Agung Rai不是艺术家，却一点一滴地攒下创办美术馆的资金。1996年6月9日ARMA美术馆顺利开幕，两栋主楼共占地4 500平方米，馆内藏有树皮古画等珍贵的画作。Agung Rai还特别增设了Kokokan Hotels，让访客能够对乌布有更深层面的认识。在这里，你还可以观赏现场舞蹈表演或是学习绘画课程。美术馆设有Kokokan Club泰式餐坊、ARMA Cafe和Warung Kopi咖啡厅，所以说ARMA不只是美术馆，更是社区文化交流的中心。Agung Rai对发扬巴厘岛的传统艺术不遗余力，他将盈余全数作为聘请老师的经费，免费教授儿童舞团甘美朗乐器及传统舞蹈，其用心可见一斑。

西妮瓦提女性美术馆
The Seniwati Gallery of Art by Women

📍 P49C2

🏠 Jalan Sriwedari 2B, Banjar Taman, Ubud, Gianyar

☎ (62-361)975485

📠 (62-361)975485

🕐 10:00~17:00 (遇假日休息)

💲 免费

🌐 www.seniwatigallery.com

✉ seniwati@dps.mega.net.id

这家美术馆专门展示巴厘岛女性艺术家的作品，在印尼文里，"seni"表示艺术，而"wait"则是女人。

创办人玛丽（Mary Northmore）来自香港，远嫁身为画家的印尼夫婿。来到这里后，玛丽发现巴厘岛的女人在日常生活里处处展现出卓越的美感，但由于巴厘岛的传统艺术扎根于宗教，因而局限了女性在艺术领域的发展空间。玛丽为此成立了这个美术馆，专门展示并出售当地女性艺术家的作品。馆内的展品包括绘画、雕刻、陶器，甚至卡片和月历，该馆在乌布大街上拥有一间店面。

为了繁荣女性艺术创作，西妮瓦提女性美术馆每年都会选拔出16位具有潜力的女学生，为其开设免费的艺术课程。

路克珊博物馆
Museum Puri Lukisan

📍 P49C1

🏠 Jalan Raya Ubud

☎ (62-361)975136

🕐 8:00~16:00

💲 成年人10 000 Rp.，儿童免费

路克珊博物馆拥有"绘画宫殿"的美名，它是乌布王子Agung Sukawati为实现儿时的梦想而设立的。刚开始只有几个简单的陈列橱窗，展示巴厘岛优秀艺术家的画作，而后博物馆得到了荷兰艺术家Rudolf Bonnet及Pita Maha艺术协会的协助，于1956年开办了"当代知名巴厘岛画家作品展"。值得一提的是，如今馆中所展出的作品，全部都是艺术家及欧洲收藏家们交代后人捐献给博物馆的，具有非凡的意义。

蓝帕德工作室
Lempad's Gallery

- P49C2
- Jl. raya ubud, Ubud
- (62-361)975972

蓝帕德不但是巴厘岛广受敬重的艺术家，同时他还是一个传统的建筑师（当地称"乌达基"，Undagi）、雕刻家和替寺庙及仪式制作艺术圣品的"桑吉"（Sangging）。因此，来到乌布，不妨来造访一下他的住处（Puri Lempad），参观他留下来的伟大建筑和艺术作品。

另外，由其后代所经营的Toko Yude也是非常值得一逛的小店，店里陈列着不少宝贝，特别推荐丝织品和印尼蜡染布Batic。

普朗诺托素描工作室
Pranto Gallery

- P49D2
- Ubud Main Street, Ubud-Bali
- (62-361) 970827
- 9:00~17:00，人体素描课程每周三、周六10:00~13:00
- 20 000Rp.
- www.age.jp/~pranoto

与来自澳大利亚的妻子凯莉（Kerry Pendergrast）于1996年开设了这间普朗诺托素描工作室，这里主要展示夫妻二人和朋友们的作品，并不定期举行各种主题的画作展览。每周的周三和周六，这里都会有人体素描课程，有时还会有即兴的音乐演奏会，喜欢艺术的人千万不要错过。

爪哇画家普朗诺托（Pranoto）

内卡艺术博物馆
Neka Art Meseum

- P48B1
- Jalan Raya Campuhan
- (62-361)975074
- 9.00~17.00（遇假日休息）
- 成年人10 000 Rp.，12岁以下
  儿童免费

"Neka"是创办人苏地加·内卡 (Suteja Neka)的名字，他的父亲I Wayan Neka（1917～1980年）被认为是巴厘岛20世纪60年代最著名的雕刻艺术家，曾作为设计师参加了纽约和大阪的两届世界博览会。

这家艺术博物馆的成立，源于内卡和荷兰籍艺术家Rudolf Bonnet、Arie Smith两人的友谊。Bonnet与Smith是第一批定居于巴厘岛的欧洲艺术家，除了将巴厘岛的艺术作品介绍给欧洲人外，他们还同时为内卡介绍了令其耳目一新的博物馆、美术馆的概念，也因此促成了内卡艺术博物馆的诞生。

博物馆内的展品非常丰富，可以说呈现了乌布绘画史的全貌，价值非凡。沿着大片草坪而立的6座陈列馆，展示了馆主从1960年开始收集的经典画作，其中除了巴厘岛的名家作品和部分作者已不可考的优秀画作外，还包括促进了岛上东西文化交流的"比塔玛哈艺术协会"(Pita Maha)成员的作品，以及来自印尼其他岛屿和世界各地的精彩绘画，馆藏之丰富，令人叹为观止。

内卡艺术博物馆位于接近乌布的乡间道路的左侧，博物馆的另一面是翠绿的山谷，漫步其中本身就是一种享受；而沿着陈列顺向而行，则刚好可以饱览整个巴厘岛绘画的演进史，真是一场艺术的盛宴。

景点

巴厘岛各时期绘画风格

巴厘岛传统风格

巴厘岛传统绘画风格，源自14世纪爪哇王朝的玛加帕希王国。当时的御用工匠从皮影戏中得到灵感，在卡马桑村（Kamasan Village）为王室作画。以傀儡皮影作为绘画的元素是这一时期绘画的代表风格，又被称为瓦扬风格（Wayang Style）。

《阿琼那的诱惑》（Godaan Arjuna）
1953年，作者，Johan Rudolf Bonnet（1895~1978年）

《Abhimanyu的死亡》（The death of Abhimanyu）
19世纪末期，作者匿名

变迁时期风格

9世纪末期，巴厘岛成为荷兰的殖民地。受西方艺术的影响，人们开始用更自然、更人性的方式表现传统绘画中的人物。这股风潮从巴厘岛北部兴起，并于20世纪20年代扩展到南部。画家开始懂得运用光线、阴影和景深，以更自然逼真的方式表现人物；主题方面则由传统的史诗叙述体转向单一的主题。

荷兰画家Arie Smit画风，青年画风

《休息》（Stirahat Resting）
1981年，作者，Arie Smit（1916~ ）

出生于荷兰的画家Arie Smit曾在荷兰艺术学院学习平面设计，

第二次世界大战时被派到荷属东印度从军，为军队绘制地图。战后他成为印尼公民，并在当地学校里教授石版画。

1956年，Arie Smit决定永久居住在这个岛上。曾跑遍巴厘岛每个村庄的Arie Smit，为乌布附近十几岁的青少年提供绘画用品，他是巴厘岛"青年画风"代表人物的老师。

Arie Smit是构图和色彩大师，他鼓励画家大胆利用非现实生活中的颜色来描绘日常生活，如红色的海、蓝色的皮肤、黄色的天空等，

乌布风格

继19世纪以来受到西方艺术家的影响，20世纪20年代，乌布一带的画家受来自德国的 Walter spy 和来自荷兰的 Rudolf Bonnet 两位西方画家的影响颇深。前者带来西方的绘画工具，以鼓励当地艺术家创作，他还把光、影、深度和透视的概念带进巴厘岛；后者则带来了肖像画的技法，使当地画家在光影的晕染技巧上前进了一大步。

《巴隆和壤特》（巴龙 and Rangda）
1971年，作者：Ida Bagus Made Wija(1912～1992年)

《仪式中的调情舞》(Ritual Flirtation Dance)
1975年，作者：Dewa Putu Bedil(1921～1999年)

巴土安风格

乌布南方的巴土安（Batuan），从11世纪起就一直是古朝廷的中心，这个地区的画家很少受到西方文化影响，因而发展出跟乌布截然不同的画风。巴土安风格较为传统，小而多的人物是画面的主体，背景多为神秘的黑色，画面上常出现超自然的生物和受到惊吓的人物。

《婚礼》（Wedding Ceremony）
1970年，作者：I Nyoman Patra(1948年～)

这种强烈而独特的画风，将巴厘岛日常生活中美丽而深沉的节奏流畅地展现出来。

受到 Arie Smit 的影响，一批乌布北边 Penestanan 村的年轻画家开始运用这种质朴的、不受拘束的画风作画。热情明亮的色彩、线条简单的人物、多彩的树叶和用黑线描出的清晰轮廓主宰了整个画面，这些画中几乎找不到光线、阴影和景深。

当代巴厘岛画家

"比塔玛哈艺术协会"(Pita Maha) 的东西艺术交流，和青年画风风格，陆续影响到许多学院出身的画家，一些现代艺术学校的陆续成立，也使后期画家的风格发生了变化。2000 年前后，巴厘岛的艺术家们开始尝试以作品来记录心灵、文化和社会的变迁。如乌布的 Made Sumadyasa 和学院出来的叛逆画家 Made Budhiana，都曾参加过颇具声望的国际美展，是少数赢得全球瞩目的巴厘岛艺术家。其中 Made Sumadyasa 的画作更是风靡国际艺坛，登上《亚洲艺术周刊》(Asian Art News) 的封面。

当巴厘岛遭受恐怖主义威胁之际，以资深艺术先驱 Made Wianta 为代表的当地艺术家们立即以和平、爱与和谐的主题作品作为抗争。他们有意识地走出绘画的狭隘定义，希望以更自由的艺术形式来谴责暴力与伤害。

蓝帕德 Gusti Nyoman Lempad

巴厘岛最著名的艺术家、雕刻师、建筑师蓝帕德 (I Gusti Nyoman Lempad, 1862 ~ 1978)，不但在巴厘岛家喻户晓，他的黑白墨画更是举世闻名。

出生于巴厘岛南部 Bedahulu 小村庄的蓝帕德，一生中大部分的时光都在乌布度过。蓝帕德生前很受苏卡瓦第王子乔可达的赏识，曾帮乌布皇家设计居所。

身为"比塔玛哈艺术协会"的创始成员，蓝帕德见证了东西方艺术在巴厘岛的碰撞与交融。此外，巴厘岛的当代画作，也同时反映出 14 ~ 15 世纪的印度－爪哇风格。

蓝帕德作品中人物生动的表情，到今天还是鲜有对手。第二次世界大战时，他委托德国画家友人带走自己的画作，经过几十年的辗转流离，直到 1984 年，这些画才被带回巴厘岛并于内卡艺术博物馆展出。如今在荷兰的阿姆斯特丹和德国等地都收藏有他的作品，新加坡、美国和日本曾举办过他的画展。

蓝帕德的画作以白底为背景，着重于人物动作细节的描绘。他通常从史诗和印尼神话中取材，并在其中加入自己对现实生活的认知。

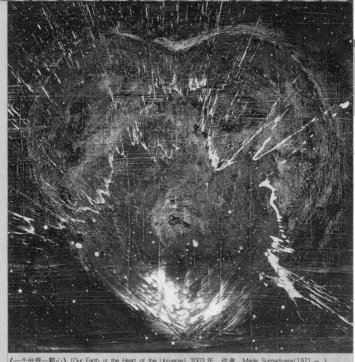

《一个世界一颗心》（Our Earth is the Heart of the Universe）2003 年，作者：Made Sumadyasa（1971 ~ ）

《布拉优特的餐宴》（The Brayuts feast together）1930 年，作者：I Gusti Nyoman Lempad

当代印尼画家

巴厘岛的景色、文化和已经成型的艺术市场，吸引了很多岛外的其他印尼画家前来。这些人当中，有许多是从荷属时期就致力于打破"美丽殖民地"论调的现实主义画家，他们强调自我认同，其中的一些人甚至参加过1945年反抗荷兰的战争，并用画笔把战时印尼人的抵抗过程记录下来。这些画家大多来自爪哇和苏门答腊——荷兰政府最早设立学校的地区，因此他们的艺术自觉要比其他地方的人来得早。

这些人当中的代表人物是来自爪哇的著名画家阿丰帝（Affandi，1907～1990）。阿丰帝以绘制电影海报起家，每当对一件作品不满意的时候，他就会将其改绘成自己的画像——看来巴厘岛真是适合古怪且豪放的艺术家们搞创作。此外以在木框上作画，并擅长表现人物立体感的画家 Abdul Aziz，和以摄影起家的、自学成才的华人艺术家简秉桢（Djaja Tjandra Kirana，1944～）也都是这一派的代表人物，后者擅长描绘花卉静物和雷贡舞者，近年来开始在巴厘岛崭露头角。

《互相吸引》(Mutual Attraction) 1974～1975 作者 Abdul Aziz(1928～)

外国画家

20世纪初，荷兰取得了整个巴厘岛的统治权，从此，这座岛屿逐渐变成国际性的观光胜地。很多游客对巴厘岛的想象也许超过了巴厘岛的实际情况，但巴厘岛人却开始懂得如何落实这些"想象"来回应游客，并以此来谋生。

尤其是在乌布，这个以画家而闻名的小村庄，美丽的环境和亲切的村民吸引了不少国外艺术家前来。他们在巴厘岛吸收到清新而独特的艺术气息，并在之后的创作中展现出更为精彩的画面。

这当中，包括菲律宾著名的"表现主义"画家 J. Elizalde Navarro，他热衷于明亮的原色，并擅长使用不同的素材来创作绘画。新加坡画家 Neo Cheong 的作品则带有强烈的设计感，他最擅长表现热情温暖的主题。William 是荷兰阿姆斯特丹人，于1938年第一次踏上巴厘岛的土地，他创作了许多以巴厘岛女人、寺庙为题材的作品，William 对光与影的处理令人称道。旅人画家郑辉明（Chang Fee-Ming）的水彩作品则赋予巴厘岛一种鲜明的意象，透过其作品，人们可以感受到巴厘岛的真实风貌。

《嘉宝黛舞蹈》(Gabor—Pendet Dance)
1991，作者：J. Elizalde Navarro(1924～1999)

《我的心》(On My Mind)，1999，作者：郑辉明 (Chang Fee Ming，1959～)

乌布

景点

购物

Gego

🌏 P62A2
😊 服饰
💲 单面Ikat每米约60 000 Rp.

这是一家 Ikat 织品的专卖店。Ikat 是马来西亚语里"结"的意思，这种古老的编布技巧，是在编织前就构思好花纹样式，并将布的纬线先染色，再将丝线中不需要上色的部分以不吸水的材质保护好，最后将整串丝线浸入染料里。完成后以素色经线为主，织入染好的纬线，便成为花样繁复的美丽布匹了。最令人叫绝的是"双面 Ikat"，这要求在染色时将双面的花纹都构思好，并分别将经、纬线染色，纺织时一气呵成完成双面图案，只有具备独特技巧与耐心的工匠才能完成。

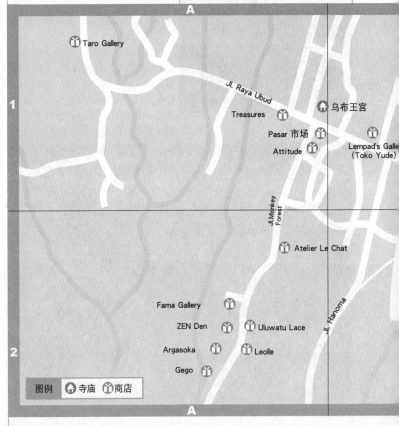

A

🏠 Taro Gallery

Jl. Raya Ubud

Treasures 🏬　　🏠 乌布王宫

Pasar 市场 🏬
　　　　　　　　　🏬
Attitude 🏬　　　Lempad's Galle
　　　　　　　　　(Toko Yude)

1

Jl.Monkey Forest

🏬 Atelier Le Chat

Jl. Hanoma

Fama Gallery 🏬

ZEN Den 🏬　　🏬 Uluwatu Lace

Argasoka 🏬　　🏬 Leolle

Gego 🏬

2

图例　🏠 寺庙　🏬 商店

A

Leolle

🌐 P62A2
😊 杂货
💲 石头状的蜡烛40 000Rp.

这是一家标榜禅意的商店，主要出售精油、花瓶、佛像、竹编器皿和瓷器等商品，店里提供颇具现代感的包装，深受欧美游客的喜爱。Leolle 是挑选旅游纪念品的好地方，而且在库塔另有分店。

Fama Gallery

🌐 P62A2
😊 古董、家具
💲 依古董价值而定

对那些喜欢在老东西里寻找灵感的人而言，这里就像天堂。不论是牛皮制的皮影人偶、石雕的图腾怪兽和佛像、老房子上拆下来的门窗，还是有些年头的四脚床和煤油灯……这里应有尽有。因为种类众多，需要花些时间慢慢去淘。

Buddha Gallery

🌐 P63B1
😊 服饰、杂货
💲 一套丝巾加沙笼约 350 000 Rp.

挑高两层楼的店面，以精选的古董家具衬托出沙笼的独特质感。这家店内所售的高级手绘 Batik 染布和飘逸的丝巾，不但深具民族风情，而且穿在身上还会显得高雅而现代。

乌布扫街图

Buddha Gallery

B

B

1

2

en's

Ida Bagus Manik

Zen Den

🔺P62A2

😊杂货

💲灯罩306 000 Rp.

　　Zen Den 的招牌采用了外圆内方的中国古铜钱样式，充分显示出这家店的自我定位。这里的商品充满了中西交融的禅意风格。店内漂亮的刺绣、抱枕、灯笼、流苏手机袋，以及仿安迪沃荷所做的佛像均风格独具，深受好评。

Treasures

🔺P62A1

😊珠宝

💲价格不菲，每件至少需上百美元

　　这是乌布最高级的珠宝店，当地手艺精湛的工匠结合国际设计师的巧思，以自然、神话及古老文明为主题，创造出富有民族特色的优雅的珠宝。特别值得一提的是，这里的每件珠宝都是纯手工打造的，绝对独一无二。店内还有用世界各地的古钱币做成的项链和手环，十分别致。

Argasoka

🔺P62A2

😊服饰

　　如果想要买一块手工精致的蜡染布（Batik），那么就千万不能错过这家店。虽然未加装潢的店面往往会让人忽视它的存在，但只需仔细看看店内的染布，你便会深深为之着迷——这些丰富的花色变化及细致的手工技巧，是机器染布所无法比拟的。

　　这家店的男主人是来自爪哇的 Agus Ismoyo，他和来自美国的妻子 Nia Fliam 长期致力于印尼蜡染的研究，是雅加达知名的艺术家。他们从了解传统蜡染图案背后的宗教与哲学意义入手，进而开创了很多新的花色与样式。

　　购买 Batik 染布需注意其花色是以印章印上的还是以手工仔细染画的，这两者的价钱差别很大。这家店里同时销售以上两种的 Batik，方便游客对比、选择。

Atelier Le Cha

🔺P62A2

😊服饰

💲上衣或裙子每件
150 000~350 000 Rp.

　　这家店的服饰风格很现代，颜色
以易于搭配的黑白两色为主，剪裁修
身而简洁，展现出女性的万种风情。
这里衣服的尺码非常适合亚洲女性的
身材，如果你想找些不一样的衣服，
那么就不要错过这家店。

Attitude

🔺P62A1

😊服饰

💲裙子约210 000 Rp.

　　将传统蜡染布的图案、活泼新
颖的剪裁和鲜艳的色彩相结合，是
该店服饰的主要风格。无论少女还
是成熟女性，都能在这里找
到适合的服饰。店内的
包包、腰带和鞋子都
是很好搭配的单品。

Taro Gallery

🔺P62A1

😊古董、家具

💲小型珠宝盒15美元，大件家具
可提供邮递服务（客人需支付
运费及保险）

器；一个个表情各异的面具被镶嵌
在墙上，成了特别的装饰品……这
里总是可以让人带回满满的灵感。

　　这里可以说是乌布地区最具特
色的家具店。店主 Rai Pujana 是
个艺术家，个性开朗随和。这间店
面也是他的工作室，房间虽然稍显
凌乱，但却充满活力。

　　Rai Pujana 擅长赋予古董新的
生命力：一件件古老的彩绘门窗，在
他的巧手下化身为新颖的屏风或花

Pasar传统市场

🔺P62A1

😊杂货、服饰

位于王宫正对面，经营各式蔬果、服饰、皮件及纪念品。店面多、议价空间大的 Pasar 市场是体验当地生活并满足购物欲望的最佳去处。早上的市场最具活力，当地居民都在这个时段前来采购，而下午出现的则多半是游客。

Toko Yude

Lempad's Gallery

🔺P62A1

😊杂货、服饰、珠宝

💲上好的Songket金丝沙笼每件叫价都要上百万Rp.

蓝帕德是乌布地区最著名的艺术家，虽然早已过世，但他的作品至今仍备受推崇。

这家工艺品店的经营者正是蓝帕德的孙女，想看店内收藏的蓝帕德画作则必须先征得主人的同意。这里出售沙笼等传统服饰，以及竹篮和银饰品等。最有特色的是庆典时才穿的高级 Songket 金丝沙笼，这种拥有细致图腾和花草纹路的沙笼以金银丝线制成，每件都需耗时 1～2 个月，因而价格不菲。

Uluwatu Lace

🔺P62A2

😊服饰

💲上衣每件约300 000 Rp.

专卖由纯棉制成的蕾丝服饰、桌巾、床单，货品质感极佳。蕾丝衣物本不是巴厘岛的传统织品，但却因其轻便舒适而备受欧美游客的喜爱。几经转型的 Uluwatu 如今已成为蕾丝精品的代名词，甚至在澳大利亚都开起了分店。

蕾丝的制作耗时费工，为保证品质，Uluwatu 仍坚持以传统的脚踩缝纫机来缝制蕾丝，以确保互相缠绕的蕾丝能达到一定的强度。Uluwatu 在库塔、努沙杜瓦等地共有 6 家分店。

美食

Maya Sari Mas

🔺 P49D2

😊 Jl. Gunung Sari Peliatan，Ubud

☎ (62-361)977888

📠 (62-361)977555

🕐 午餐12：00～14：00、晚餐19：00～23：00

🌐 www.mayaubud.com

❗需加21％的营业税和服务费

这个餐厅位于宽敞舒适的玛雅度假中心（Maya Resorts）。度假村的迎宾大厅前是个超大型的传统建筑，前方的荷花池在夜晚灯光的烘托下分外迷人。

前往 Maya Sari Mas 餐厅必须由入口右侧下楼梯，该建筑依山坡地势而建，餐厅位于地下一层。在这里可以俯瞰 Patanu 河所形成的峡谷，峡谷四周有丛林和梯田围绕，一派青翠的宜人风光。

为了满足游客的需求，Maya 餐厅的菜色以欧陆菜式为主，并加入了一些巴厘岛和南洋的美食特色。

午餐和晚餐的菜单不同：午餐的菜色以简单而不油腻的菜式为主，印尼炒饭、三明治或意大利面都是不错的选择，还有特别为素食者提供的以豆腐和蘑菇做成的素牛排。晚餐的种类繁多，需按前菜、汤、主菜、甜点的顺序分开单点，内容则以法式或意式料理为主，菜单依时节而有所变化。

Mattahari Cottage

⚑ P49D3
🏠 Jl. Jembawan, Ubud Ubud
☎ (62-361) 975459
📠 (62-361) 978079
🕑 14:00~17:00
🌐 www.matahariubud.com/
Matahari/index.htm
❗ 需加10％营业税及6％
服务税

　　来自我国台湾的 Sean 和
来自美国的 Steven 于 2001 年
共同开办了这家餐厅，Steven
发挥其精湛的厨艺，为食客提供正
统的英式下午茶，在乌布一带小有
名气。值得一提的是，为了呈现英
式下午茶的韵味，这里所使用的餐
具都是颇具历史的古董!

　　用餐前服务人员会依
英国的习俗，送上玫瑰水
让客人洗手，再送上当日
特制的糕点，这可能
是巴伐利亚蛋糕、
美式苹果派、鲜焦
糖霜兰姆蛋糕，或玫
瑰花瓣柠檬糕——一
切都依 Steven 当天
的灵感和市场的菜色
而定。

　　小 三 明 治 (Finger

Sandwich) 和各种口味的英式圆饼 (Scone) 是每天必备的。这种圆饼就要趁热的时候配上蓝莓酱享用，那松软的口感令人难忘。三层高的点

心架上还有熏衣草口味的饼干和水果塔，再叫上一壶上好的伯爵茶，边吃边和主人聊聊天，了解一下乌布的近况，也算是一项额外的收获。

Lamak

- P49C3
- Jalan Monkey Forest, Ubud
- (62-361)974668
- (62-361)973482
- 11:00~23:00
- www.lamakbali.com
- 需加10%的营业税及6%的服务税

　　Lamak 是一种供奉神明的手工编织物，这种深具特色的织品制作精美、花纹的种类变化也很多。仔细观察你就会发现，Lamak 餐厅的 Logo 和员工制服上的图案就采用了传统的 Lamak 花纹。虽然名字如此传统，但走进店内你会惊讶地发现，传统与现代在这里正以一种不着痕迹的方式相互交融。酒红色的墙面，天蓝、深紫、明黄等色彩鲜明而大胆的桌椅，铸铁艺术作品，以及开放式的厨房和吧台，在传统的木材与石雕的陪衬下，愈发显得温馨而又充满后现代的味道。

　　这里的菜色包括了巴厘岛当地和亚欧其他地区的料理，不过并非简单的混合，而是充满新意的创造。例如充满南欧风情的 Cevapcici and Beef Pita (Cevapcici 是一种斯拉夫羊肉肠)，选用了来自中东的香料和南欧一带的特产酸奶。这里的越南牛肉河粉也是巴厘岛少见的好料：河粉汤头以牛骨和香料熬成，切成薄片的生牛肉在热高汤中轻轻一涮，再蘸上特制的酱料，鲜嫩爽滑。店内还提供有家庭套餐，以及巴厘岛的特色料理——Rijstaffel 套餐。

Miro's Garden

- P49B2
- Jl. Raya Ubud
- (62-361)973314
- (62-361)973314
- 需加10%的营业税

  Miro's Garden 的夜晚别致而又浪漫——沿着洒满栀子花的台阶拾级而上，清脆的甘美朗迎宾乐伴

随着体贴周到的待客礼。这家餐厅本身是一个大庭园，景色具有典型的巴厘岛风格：以一间间的亭台分为数个用餐区，亭台间又以浓密的热带植物加以区隔，内部则以古董家具构筑出静谧浪漫的空间，最适合情侣前来享受私密而浪漫的时光。

  主菜有巴厘岛式的咖喱、炒饭等，也有意大利面、法式蛙腿以及澳大利亚牛排等。推荐一道菠萝蜜咖喱，这是传统的巴厘岛料理，以菠萝蜜、咖喱和鸡肉等原料煨煮而成，想要品尝这道菜还必须提前一天预约。

Ary's Warung

P49C2

Jl.Raya Ubud

(62-361)975053

(62-361)978359

10:30~22:00

www.dekco.com/aryswa
rung/Default.asp

Ary's Warung露天餐厅布置得很有情调,除了食物美味外,上菜速度也很快。店内有早、午、晚3种菜单,晚餐建议选择套餐,用餐时都会附赠一份著名的印尼虾饼,不同的是这里的虾饼中加了花生,吃起来酥酥脆脆的。

店内的料理完美融合了澳大利亚和巴厘岛的口味,以烤虾为例,就是很常见的澳大利亚海虾烧烤,但蘸的却是巴厘岛的酸甜酱料。推荐乌布最著名的八宝鸭料理,以香料调味的鸭肉不干不涩、鲜嫩多汁,再配上西式的苹果泥酱料,更是爽口美味,令人难忘。

Mozaic

P48B1

Jl.Raya Sanggingan,Ubud,
位于Neka博物馆对面

(62-361)975768

(62-361)975768

周二~周日,18:00~22:00

www.mozaic-bali.com

需加21%的营业税和服务费

在今天的乌布,Mozaic早已成为高级餐厅的代名词。兼任主厨的老板Christ Salang是美法混血儿,自小便沉醉于法国美食之中。他曾在法国、新加坡、纽约等国家和地区的顶级餐厅内担任过主厨,最后因娶了印尼女孩为妻而定居巴厘岛。

有趣的是,这家餐厅的菜色是依每天菜市场的货色而决定的,所以又称为Market Restaurant。不过主菜的菜式大致不变,变化的是搭配的材料。以这里最受欢迎的前菜鹅肝酱(Pan Seared Moulard Duck Foie Gras)为例,这几乎是每天都会出现的招牌菜,但Christ Salans可能会根据当天菜市场的情况来选择搭配芒果白兰地(Armagnac)酱汁或巴厘岛的Rujak辣酱。所以到Mozaic用餐常常会有意外的惊喜,用餐的同时也算是在欣赏Christ Salans的创意吧。

第一次前来,最聪明的选择就是点主厨精选的、包含6道菜的套餐,前菜、汤、主食、甜点每项都有2~3种选择,非常划算。

乌布

美食

资生堂Kirana Spa

Kirana Spa at Ubud, Bali

- Ⓐ P48A1
- ⌂ Desa Kedewatan, Ubud
- ☎ (62-361)976333
- Ⓕ (62-361)974888
- 🕐 9:00~21:00
- 🌐 www.kiranaspa.com
- @ info@kiranaspa.com

日本资生堂化妆品集团花重金打造的 Kirana Spa，是岛上顶级的豪华 Spa。资生堂与有王室投资的 Pita Maha 集团合作，不同于其他 SPA 设于星级酒店内的模式，而是修建了一个完全独立的 Spa 天堂，在巴厘岛引起了一阵不小的震撼。

为了不过多地受到资生堂原有名气的影响，该 SPA 采用印度文的 Kirana 为名，原意为"日光"，后又衍生出"完整的美"或"内在美"的意涵，也就是超越肉体的美，一种身心和谐所散发出的光芒。

整个 SPA 的建筑依山势而建，与周围的自然环境完美交融，开放式的空间让人享受天人合一的愉悦的同时又兼顾私密性，在此可放心地让肌肤享受山风的轻抚。

顶级的设备与宽阔的空间是 Kirana Spa 最令人惊艳的地方。这个占地达 18 000 平方米的空间大致可以分为 Private Villa 和 Spa Garden 两个分区。其中 Villa 依设备等级可分为一般级 (Treatment Villa)、套房级 (Suite Villa) 和总统级 (Presidential Villa)3 个级别。

大气而又带有禅意的规划，令 Kirana Spa 呈现出尊贵的气势。特别需要说明的是，这里的 Villa 专为 SPA 而设，并不提供住宿。Kirana Spa 无微不至的服务让你一进门就可以感受到：服务人员以半跪的方式耐心与客人沟通，并针对每个人提出建议。

推荐SPA

villa等级	价格（美元）	疗程时间（小时）
基本型(Treatment Villa)	单人70~130 双人140~260	1~2
套房型(Suite Villa)	单人160、双人280	3 (120mins疗程+Spa time)
套房型(Suite Villa) 总统型(Presidential Villa)	单人220、双人390 单人320、双人490	4 (180mins疗程+Spa time)
套房型(Suite Villa) 总统型(Presidential Villa)	单人300、双人520 单人440、双人660	5.5 (240mins疗程+Spa time)
总统型(Presidential Villa)	920	全天（只能在总统级Villa）

*价格以疗程时间和房间等级计算，可自行组合不同的疗程，所谓的Spa time是指疗程中间的休息时间，客人可以享用按摩浴池等位于Spa Garden的豪华设施。

　　这里所使用的所有产品都由资生堂特别研发，且只在Kirana Spa使用。以按摩精油为例，Kirana以特别生产的凝胶产品来替代传统的植物精油，使用起来滋润而不油腻，吸收极佳。所有的产品都已经过日本和印尼两国严格的官方检验，品质极有保证。特别向女性游客推荐这里的脸部护肤疗程。

乌布阿丽拉度假旅馆
Mandara Spa

P48A1

Desa Melingghih Kelod
Payangan, Gianyari

(62—361)975963

(62—361)975968

9:00～21:00

alilahotels.com

salesasia@mandaraspa.com

阿丽拉饭店(Alila Hotel
& Resort, Ubud) 的原名为 The
Chedi，2002 年 8 月起由 GHM 旅
馆组织接手后更名为 Alila。这个位
于爱咏河(Ayung River) 畔的旅馆，
向来以细致优雅的品味著称。以石
材建造而成的旅馆，将传统的优雅
与现代的极简风格完美结合，在建

推荐SPA

疗程项目	价格（美元）	疗程时间（分钟）
巴厘岛式按摩(Balinese Massage)	55	50
两人四手按摩(Mandara Massage)	95	50
印度式头部按摩(Ayurveda Shiodora)	63	50
泰式按摩(Thai Massage)	90	95
热石按摩(Warm Stone)	63	50
放纵身体疗程(Indulgence)	215	160

筑界深受好评。1996 年 Mandara Spa 在此开设的第一家 Spa 中心，至今仍具有旗舰店的气势。

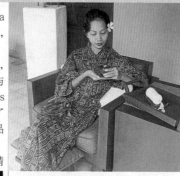

随着旅馆服务品质的不断提升，Alila Spa 也在逐步更新服务内容与设备，其中以 2003 年引入的 Elimas Spa 系列最为吸引人。Elimas 除了标榜使用来自英国的高档美容用品外，独特的按摩技法更是与众不同。在 Elimas 的理念中，Spa 的基本精神是使用质地纯正的美容产品，透过芳疗师的双手和技法传递给客人全新的能量。

除此之外，Alila Spa 还有多项结合了传统服务和现代 Spa 技法的疗程，可使客人有一种整个身心都焕然一新的感觉。这里最受欢迎的疗程当属 Indulgence 身体疗程：先以花瓣水和熏衣草水洗净全身；接着客人可选择咖啡、Lulur、Boreh 或椰子的去角质方式，洗净身体后，便开始了梦幻般的两人四手按摩，接下来是印度式的头部按摩或脸部护理，最后整个疗程以脚底按摩收场。

新改建的 Alila 还特别设了一间泰式按摩室，因为泰式按摩有很多的拉筋动作，所以必须在较宽大的硬垫上进行。泰式按摩并不使用按摩精油，芳疗师以手指、手肘、前臂、膝脚等部位压于客人穴位上，同时运用拉筋和转身来和缓地协助你做出类似瑜伽的伸展动作。除了可以放松肌肉与关节，这种按摩甚至还有调整内脏机能的功效。

四季山妍度假旅馆
The Spa at Four Seasons

🅐 P48A2

🏠 Sayan , Ubud , Gianyar

☎ (62－361)977577

📠 (62－361)977588

🕘 9：00～21：00

🌐 www．fourseasons．com

@ reservation．fsr@
fourseasons．com

1998年才开业的四季山妍度假村，在国际上所获得的荣誉奖项绝不少于1993年就开业的四季金巴兰，2002年及2003年连续两年，四季山妍都被美国的《Out & About》杂志评选为世界上最浪漫的度假村。2003年，四季山妍更同时被美国的《Conde Nast Traveller》及英国的《Gallivanter's Guide》不约而同地列在亚太地区度假村的榜首。

疗程名称	价格（美元）	疗程时间（分钟）
热带之雨仪式 (Tropical Rain Ritual)	180	180
混合香草治疗仪式 (Healing Herbal Blend Ritual)	180	180
身体苏醒抗老疗程 (Suci Dhara)	130	120
能量结构平衡疗程 (Chakra Dhara)	180	120
露露山妍 (Lulur Sayan)	110	120
米末与香料身体去角质 (Rice and Spice Body Scrub)	65	60
黏土身体面膜 (Clay Body Masque)	65	60

但四季山妍显然并不满足于从1999年开始，年年被《Conde Nast Traveller》列为世界最佳Spa之一的殊荣，它的目标是成为冠军中的冠军。因此在2002年2月，四季山妍在原有的Spa中心之外，又特别在爱咏河畔的村庄中兴建了3间隐秘幽静的SPA别墅，其中规模最大的是Cendana别墅。为了让情侣或家人朋友可一起享受双人Spa的乐趣，Cendana别墅内特别设有两张按摩床、可同时喷洒的法国Vichy双水柱头、超大浴池，以及一座私人游泳池。

Cendana别墅的四周被莲花池包围着，按摩床就面对莲池，视野开阔的同时又能确保隐秘。由于四季山妍的其他两个别墅规模较小，因此自从Cendana正式开张之后，想到这间别墅享受Spa的游客，往往得在数个月前就提前预约。

四季山妍的Spa Villa是全巴厘岛第一间引进传统疗法的Spa，这种疗法起源自5 000多年前印度的"阿育吠陀"(Ayuveda)，认为人们因生活的压力或不规律所形成的生理及心理的毒素和烦忧，可借由被唤起的身体的自愈能力排出体外。

混合了巴厘岛、爪哇及印度传统疗法的四季山妍Spa，撷取天然的原料——香料、精油、花朵，以及阿育吠陀的配方，为到此休憩的人们提供了独特的Spa寻根之旅。

躺在被莲花池包围的别墅里，接受着芳疗师轻柔绵密的按摩导引，宛若进入了一个全新的世界。在这个遗世独立的小宇宙里，身体细胞所承受的压力逐一被解放，在深深的沉睡之后，已然是一个全新的自己。

玛雅度假村
The Spa At Maya Resort

🚗 P49D2

🏠 Jl. Gunung Sari，Peliatan

📞 (62-361)977888

📠 (62-361)977555

🕐 10:00～20:00

🌐 www.mayaubud.com

@ info@mayaubud.comsons.
com

　前往 Spa 中心，必须穿越 Villa 住宿区，在接近山谷处可搭乘电梯往下 30 米，据说这可是乌布最高的电梯呢！Spa 中心在精心设计的热带丛林空间里，显得十分隐蔽，进入 Spa 套房时还真让人有柳暗花明的感觉。开放式的空间直接面对河

Spa Hati

@ spahati@spahati.com

🚗 P49D2

🏠 Jl Raya Andong #14
Peliatan，Ubud

📞 (62-361)977578

📠 (62-361)974672

🕐 9:00～20:00

🌐 www.spahati.com

　位于乌布的 Spa Hati 是属于 Bali Hati 公益组织的单位，收入盈余大部分用于支助失学贫困学童。入口前方的建筑是兴建中的医学中心，所以常会不小心错过。Spa 的相关设施在后方，与绿油油的田园景色相邻，尤其有间治疗室就位于田园间的小凉亭，让人有种回归山林的愉悦！

　也许是因为营利并非 Spa Hati 的唯一目的，这里虽然价格低廉，但服务品质并不比别处差。经理 Nick 从前服务于 Mandara Spa，也因此把两人四手的技法带进 Spa Hati。

　Spa Hati Awakening 是一般所

推荐SPA

疗程名称	价格（印尼盾）	疗程时间（分钟）
喜悦之旅(Blissful Journey)	135 000	60
谐和套装行程(Harmony)	335 000	90
招牌套装行程(Spa Hati Awakening)	225 000	90

疗程名称	价格（美元）	疗程时间（分钟）
Maya式按摩（Soothing Maya Massage）	62	75
放松式巴厘岛按摩（Relaxing Balinese Massage）	50	60
Maya脸部疗程（Maya Facial）	50	60

谷，清新的空气与肌肤接触，可感受一下天人合一的境地。

这里提供的服务项目较单纯，按摩只提供两人四手、巴厘岛式及玛雅式（巴厘岛式按摩加上芳香疗法）。"去角质加按摩"是最受欢迎的组合，先选择一项去角质敷料（椰子、肉桂、Pandan叶、Javanese Lulur），接着享受按摩所带来的放松感，会让你在流水与虫鸣鸟叫中沉沉睡去。最后，享受一场牛奶花瓣浴，真是人生一大享受。

脸部的疗程也很吸引人，其中Maya Facial的原料以新鲜水果制成，敷脸后芳疗师还帮你按摩脸、颈、肩部，十分舒畅。

乌布

S
SPA

称的Lulur疗程，Harmony和上述疗程差不多，但有两位芳疗师按摩。进了按摩室后先选精油，然后开始按摩。按摩师会敲击一种乐器，表示按摩开始与结束。在按摩师轻徐地按摩肌肉与穴道之时，淡淡的精油香气弥漫，加上悦耳的轻音乐，很容易就令人进入梦乡。到Spa Hati，除了让自己的身体得以畅快享受外，同时还可以帮助他人，何乐而不为？

Zen Body Holiday

@ contact@zenbodyholiday.com

🅰 P49C2

🏠 Jl. Hanoman, Ubud

☎ (62-361)970976

🕐 9:00~21:00

🌐 www.zenbodyholiday.com

Zen Body Holiday 位于较隐蔽的巷内，屋子外写了个大大的"ＺＥＮ禅"。室内则以深蓝和白为主调，带给人一种恬静的感觉。对东方宗教和哲学很有研究的老板，甚至将风水五行的概念运用于室内设计，例如下层的疗程房除了通风，还有清水沟渠流通，便是根据风水概念而设计，而上层房间外即是绿油油的田园景观。老板 Claud 来自加拿大，对于印尼非常喜爱，最后定居于巴厘岛。2000 年开始经营这家水疗中心，并在网络上奠定不错

推荐SPA

项目		时间（分钟）	费用（印尼盾）
身体系列	传统式按摩	75	150 000
	套装疗程：Mandi Lulur、Mandi Rempah、Mandi Susu	105	150 000
脸部系列	植物	60	150 000
	蜂蜜黄瓜	60	150 000

Rucira Villa Spa

🅰 P48A1

🏠 Sayan, Ubud

☎ (62-361)979377

📠 (62-361)974265

🕐 9:00~21:00

Rucira 是由乌布王室所经营管理的 Spa 专门店，虽以别墅为名，但不提供住宿，只是以别墅强调其硬件设备。紧邻爱咏河，具有梯田和丛林景观，其中又以靠近河边的别墅视野最佳。建筑本身是二层楼水泥建筑，但门窗、橱柜则尽量采用古董木家具，以显示其巴厘岛原味。

按摩的选择多样，而且使用的按摩精油很特别，是深红色的玫瑰香精油。细心的人也许会发现，原来红玫瑰正是这里的 Logo 呢！套装疗程除了 Javanese Lulur、Balinese Boreh 之外，还有火山泥、椰子去角质、海盐去角质等选择。而为了使每一种疗程得以发挥最大的效果，每种护肤

推荐SPA

疗程名称	价格（美元）	疗程时间（分钟）
爪哇露露套装行程(Javanese Lulur)	40~60	105
巴厘岛药草套装行程(Balinese Boreh)	40~60	105
巴厘岛式按摩(Balinese Massages)	40	90

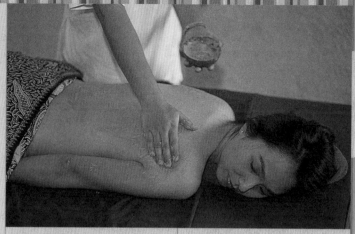

的名声，因此网站上也有中译版本。
　　套装疗程是最划算的选择，包括3种：Mandi Lulur、Mandi Rempah和Mandi Susu。每一种套装疗程都包括按摩、去角质、护肤和泡澡。Mandi Lulur就是最受欢迎的Lulur身体疗程；Mandi Rempah则是促进血液循环的香料去角质，最后以松弛神经的Rampah药草浴做结束；Mandi Susu意思就是牛奶浴，采用奶粉混合其他香料的去角质物，接着全身敷上奶制的敷料，最后沐浴在充满花香与奶味的浴缸中，让你成为牛奶美人！

方式都搭配不同的按摩，例如Lulur和Boreh都是以巴厘岛式按摩，火山泥则搭配芳香按摩疗法，海盐疗程搭配脚底按摩。疗程结束后的饮料，依疗程特性而有所不同，包括新鲜果汁、Jamu药草汁和姜汁。

阿丽拉旅馆
Alila Ubud

📍 P48A1

🏠 Desa Melinggih Kelod
Payangan，Gianyar

☎ (62-361)975963

📠 (62-361)975968

💲 价格随着不同的房型和季节
而有所不同，淡季价格每晚从260~420美元不等

🌐 www.alilahotels.com/ubud

　　前身为 The Chedi Ubud 的阿丽拉旅馆，隐藏在乌布山区的山崖边。从乌布市中心驱车前往，经过一片片青葱的稻田，远离了热门景点的繁杂与喧嚣，终于进入到这片属于自己的天地。

　　整个旅馆的设计融合了现代与传统巴厘岛建筑的风格，隐秘的中庭、宽广的梯形地和私人庭园，共同营造出一种无可比拟的亲切感。

　　旅馆内的套房与别墅建设在峡谷的上方，这些宛若树屋的设计是著名建筑师事务所 Kerry Hill Architects 的杰作，设计师运用巴厘岛的传统建筑概念，创作出具有现代风格的建筑。在这里，平滑的石灰墙、混凝土与茅草屋顶，水磨石子地面与砾石，木头与玻璃等不同风格建筑材料的搭配呈现出一种令人惊喜的效果。

　　旅馆的 54 间套房分散在 2 层楼高的石墙楼内，顺着山势慢慢地延伸至河床边缘。这里的房间虽不算大，但 1 层的房间都拥有私人阳台和户外淋浴间，2 层的房间则享有面对河谷的绝好视野。

　　石墙中的视觉焦点是那些以石块砌成的、上面爬满了绿色植物的格子。在每栋石墙建筑中，都有一段顺势而下的阶梯，这些阶梯刚好成为连接上下两层的通道。

　　阴天的阿丽拉是忧郁的，总是让人想起 20 世纪 20 年代的巴厘岛。坐在游泳池边的酒吧，对面坐落在一个平台上的长方形的游泳池就像是一大块深蓝色的玻璃，与青葱的山谷相呼应。私密而宁静的空间与山谷空渺的气息浑然一体——这是阿丽拉旅馆的最佳视观，许多人就是为了这一美景而入住阿丽拉旅馆的。

四季山妍度假饭店
Four Seasons, Sayan

🔺 P48A2

🏠 Sayan, Ubud, Gianyar

☎ (62-361)977577

📠 (62-361)977588

💲 价格随着5种不同类型的套房和淡旺季而有所不同，每晚从450~3 000美元不等

🌐 www.fourseasons.com

✉ reservation.fsr@ fourseasons.com

四季山妍度假饭店 (Four Seasons, Sayan) 隐藏在爱咏河边的山谷中，这里是巴厘岛少数几个不采用传统建筑样式作为设计概念的旅馆之一。这一极具挑战的创新设计出自英籍建筑师 John Heah 之手，John 认为建筑本身应该具有内外和谐统一的整体感。在四季山妍度假饭店，他成功地将富有曲线的建筑物与周边的山坡完美结合，体现出建筑与自然环境相融合

的设计理念。

经过一座木桥，便来到了面对着山谷的椭圆形莲花池，进入旅馆大厅后才令人恍然大悟：原来莲花池是建在旅馆主建筑的屋顶上的。主建筑的顶层便是大厅，这是一个半圆形的开放空间，可以将周围的青翠绿意揽入视野。大厅是旅客办理入住手续的地方，舒适的沙发座椅加上一杯沁凉的欢迎饮料，第一次与山妍的亲密接触就令人格外欣喜。

与金巴兰四季度假旅馆不同的是，这里除了 42 个独栋别墅外，还有 18 间套房，这些套房虽然以较时髦的现代感设计取胜，但在装饰物等细节上还是可感受到传统的巴厘岛风情。

42 个独栋别墅是山妍的焦点，以有一间卧房的别墅为例，人们必须先穿越莲花池和木道，再顺着旋转楼梯顺势而下，才能到达房间。

这个概念与主建筑的那片莲花池一样，都是将莲花池设计成别墅的屋顶，别墅其他的设施都隐藏在美丽的莲花池之下。

山妍占地 200 平方米的单间卧房别墅，既开阔又具有隐私性。开放的起居室对面是触手可及的梯田。迷你私人酒吧和舒适的竹藤椅，是旅客的自在空间。你可以在炎热的午后，"扑通"一声跳进门前的私人游泳池里，也可以躺在游泳池边的躺椅上打个小盹儿，或者只是静静地坐在那里，观看身边淳朴的农耕景象。

库塔

Kuta

库塔

Kuta

库塔及其周边的南区是巴厘岛最早开发旅游产业的地方，这里的白色沙滩和四季如夏的气候，深受欧美游客的青睐，原本地广人稀的地方，也因此迅速地发展起来；不管你喜不喜欢游客聚集的感觉，到了巴厘岛若不来此走一遭，总归是个遗憾。在库塔，一身健康的古铜色皮肤的海滩男孩，和躺在沙滩山享受日光浴的比基尼女郎是最常见的景观。这里没有种族之分，没有生活禁忌，放下一切来尽情地享受生活才是唯一的真谛。

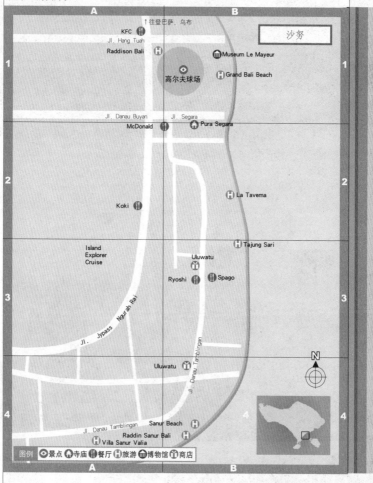

沙努

往登巴萨、乌布

KFC
Jl. Hang Tuah
Raddison Bali

Museum Le Mayeur

高尔夫球场

Grand Bali Beach

Jl. Danau Buyan   Jl. Segara
McDonald   Pura Segara

La Tavema

Koki

Tajung Sari

Island
Explorer
Cruise

Uluwatu

Ryoshi   Spago

Jl. Jypass Ngurah Rai

Jl. Danau Tamblingan

Uluwatu

N

Sanur Beach

Jl. Danau Tamblingan
Raddin Sanur Bali
Villa Sanur Valia

图例 ◉景点 ⛩寺庙 🍴餐厅 ❒旅游 🏛博物馆 🏪商店

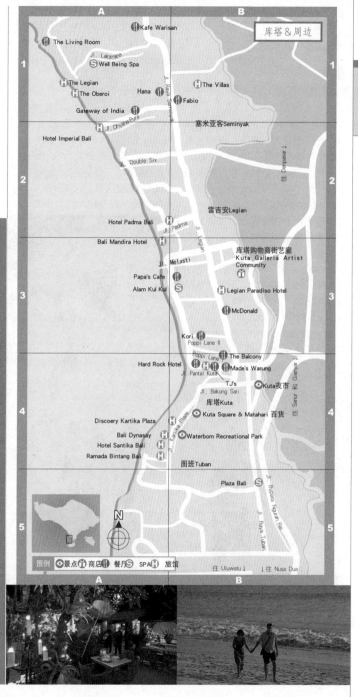

库塔&周边

A | B

1

Kafe Warisan

The Living Room

Jl. Laksmana

Well Being Spa

The Villas

The Legian
The Oberoi
Hana
Fabio

Gateway of India

Jl. Dhyana Pura

塞米亚客Seminyak

Hotel Imperial Bali

Jl. Double Six

往Denpasar ↑

2

雷吉安Legian

Hotel Padma Bali
Jl. Padma

Bali Mandira Hotel

库塔购物商街艺廊
Kuta Galleria Artist
Community

Jl. Melasti

Papa's Cafe
Alam Kul Kul

Legian Paradiso Hotel

3

McDonald

Kori
Poppi Lane II

Poppi Lane

The Balcony

Hard Rock Hotel
Made's Warung

Jl. Pantai Kuta

TJ's
Kuta夜市

Jl. Bakung Sari

往Sanur 和Gianyar ↓

库塔Kuta

4

Discoery Kartika Plaza

Kuta Square & Matahari 百货

Bali Dynasay

Waterbom Recreational Park

Hotel Santika Bali

Jl. Kartika Plaza

Ramada Bintang Bali

图班Tuban

Plaza Bali

Jl. Byposs Ngrah Rai

Jl. Raya Tuban

5

N

图例 ◎景点 ⓘ商店 ⓘ餐厅 S SPA H 旅馆

往 Uluwatu ↓   ↓往 Nusa Dua

A | B

景点

库塔
Kuta

P89B4

1936年，美国的 Koke 夫妇挥别刚起步的好莱坞事业，来到巴厘岛的库塔海滩经营起"Kuta Beach Hotel"旅馆，这也是西方世界对巴厘岛数十年垂爱的开始。尤其是20世纪60年代，大批的嬉皮士来到巴厘岛，他们的到来对巴厘岛旅游产业的发展所起到的带动作用至今不衰。

白天，你可以到库塔海滩(Kuta Beach)戏水、晒太阳，面对这样的美景，就算只是坐在沙滩上发发呆，也是一段美好的时光。

以海景取胜的5星级宾馆，如Ramada Bintang Bali、Holiday Inn、Balihai、Kartika Plaza、Sol Elite Paradiso、Bali Dynasty等，都位于库塔的南区，巴厘岛唯一的水上游乐园(Waterbom Recreational Park)也在附近。

喜欢购物的人，不妨到 Kuta Square 逛逛，这里是岛上最早的商业区，著名的太阳百货(Matahari)就在这里。太阳百货里的商品虽然都不议价，但仍可算是物美价廉。一旁的商店街上有五花八门的小店，可

以使游客的购物欲得到大大的满足。值得注意的是，各个店铺中商品的重复度极高，货比三家和适当议价是在此地购物的诀窍。

到了晚上，这里便成了夜生活的天堂，舞厅和酒吧栉比鳞次，将这里渲染得五光十色。来这里喝酒、跳舞或听歌，就成了喜欢热闹的人们最佳的选择。

库塔区占地极广，除了上述主要地区外，还包括图班 (Tuban)、雷吉安 (Legian)、塞米亚客 (Seminyak) 几个重要区域。

图班Tuban
📍P89B4

图班位于 Ngurah Rai 国际机场附近，这里有很多不错的餐厅。

雷吉安Legian
📍P89B2

说到库塔区的繁华枢纽，则非雷吉安大街 (Jalan Raya Legian) 莫属。这条大街的两旁尽是商店、艺术品店、旅馆、餐厅和咖啡厅，是SHOPPING族的血拼圣地。

塞米亚客Seminyak
📍P89B2

更往北便到了新发展起来的塞米亚客，这是一个新兴的雅痞风格区，街道两旁均是个性十足的商店和充满欧陆风情的高级餐厅，以及结合了传统巴厘岛风格和当今流行元素的服饰店和创意独具的家具店。来到塞米亚客，就好像走入了纽约的苏活区。和巴厘岛其他地区不同的是，这里的商店都不接受议价。

沙努
Sanur
 P88

沙努位于登巴萨通往东部的重要通道上，是巴厘岛最早开发的地区之一。Grand Bali Beach 是当地最早的高级旅馆，11 层高的建筑也是目前全岛之最，因为之后当地政府便开始立法，规定建筑物不得超过椰子树的高度。

虽然这里的繁华程度已大不如往日，但拥有良好居住环境的沙努至今仍是长居巴厘岛的外国人的最爱。著名的澳大利亚艺术家 Donald Friend 和比利时画家 Jean Le Mayeur 等人都选择在此置业。

沙努的海滩洁白干净，因为有环绕岸边的珊瑚礁的保护，这里的风

金巴兰
Jimbaran
 P93A1

金巴兰位于机场南面一个狭长的半岛上，因此两侧都有海滩。这里洁白无瑕的沙滩，有种难以掩饰的清丽之美。金巴兰原先只是个安静的小渔村，随着独具慧眼的四季饭店在此地兴建 Villa，之后 Inter-Continental、Ritz-Carlton 等国际连锁旅馆又陆续跟进，这里逐步成为巴厘岛新兴的高级饭店区。

清晨和黄昏是金巴兰最有趣的时候。金巴兰原本是渔港，也

曾是渔产交易最繁忙的鱼市，随着游客的涌入，脑筋动得快的生意人，顺势利用当地拥有大量新鲜海产的优势，在海滩上开设起海鲜烧烤的生意。

黄昏一到，沙滩旁便开始有游客聚集，既是为了欣赏夕照美景，也是为了品尝美味烧烤。傍晚，岸边的餐桌上点起蜡烛，海滩上顿时形成一片星海。点菜的时间到了，店面前方陈列了一箱箱的鲜鱼、龙虾、牡蛎、螃蟹等海鲜，顾客挑选称重后，便直接送到一旁的碳烤炉上。炉中加了椰子叶，并以特殊的

水上活动

南区是水上活动最盛行的地方，包括潜水、浮潜、滑水、冲浪、拖曳伞、帆船等运动都可在这里亲身体验。租用活动器材可咨询：

◎Bali Hai：
☎ 0361－720331
🌐 www.balihaicruises.com

◎Bali Adventure Tour：
☎ 0361－721480
🌐 www.baliadventuretours.com

◎Sobek Adventure Bali：
☎ 0361－7410742
🌐 www.99bali.com/adventure/sobek

浪不会太大，是浮潜者的天堂。沿着沙滩兴建的 Bali Hyatt 等高级饭店，多位于 Jl.Danau Tamblingan 上，附近也因此聚集了各式餐厅和商店，手工精细的 Uluwatu 蕾丝专卖店在这里有两家分店。

画家 Le Mayeur 是个传奇性人物，巴厘岛正是因为他的画作而在西方世界声名大噪。他色彩鲜艳的作品有点印象派的风格，经常出现在 Le Mayeur 画作中的一位美丽的巴厘岛舞者，是他心爱的夫人。Jl.Danau Tamblingan 边的 Museum Le Mayeur 正是展览其画作的地方。

酱料为不同的海鲜调味，真是回味无穷，整个岸边都弥漫着一股醉人的鲜美味道。

一般只要点了海鲜烧烤，店家便会主动附赠花生、沙拉、水果和米饭。

金巴兰&努沙杜瓦

鱼市场 ◎
Sari Segara Resort
Puri Bambu
Keraton Bali
Pan Sea Bali ◎金巴兰市场
Inter-continental
金巴兰四季 Four Seasons, Jimbaran
Mimpi Jimbaran
McDonald Jl. By Pass Ngurah Rai
丽池卡登Ritz-Carlton
Villa Bukit Hideaway
Bali Impian Pool Suite
Villa Bali Impian

Ramada
OK 便利商店 Grand Mirage
Rumah Bali
Bumbu Bali
OK 便利商店
Natalie Spa Club Med
Nusa Dua Beach
Sheraton Nusa Indah
Sheraton Laguna
Galeria Nusa Dua
Grand Hyatt
Hilton Bali

Bali Golf & Country Club ◉
The Bale
Sekar Nusa Bali
日航Nikko

N

图例 ◎景点 餐厅 SPA 旅馆 商店

努沙杜瓦
Nusa Dua

▲P93B2

位于金巴兰东侧的努沙杜瓦，也是世界各地名流富豪的至爱。与沙努不同的是，这里以吸引商务旅客或短期停留的客人为主，所以每个度假村都以一流的国际会议设备、顶级的18洞高尔夫球场、设备良好的购物场所以及舒适的音乐与舞蹈表演剧场来吸引游客，为的就是让你整个假期都泡在这里。这类的度假村包括Club Med、Grand Hyatte、Nusa Dua Beach Hotel、Grand Mirage等。

努沙杜瓦最著名的购物商场是Nusa Dua Galleria，各种新潮或传统的手工艺品、古董家具都可在此找到。这里的现场表演也不少，还有名牌牛仔服饰店和一个大型的免税店 DFS (Duty Free Shop)。

除此之外，Jl.Bypass Ngurah Rai 路上还有家 Tragia 超市，是购买

乌鲁瓦图庙
Pura Luhur Uluwatu

▲P45C4

巴厘岛南部小半岛的西南端景点很少，但这里却有着令人惊艳的乌鲁瓦图庙 (Pura Luhur Uluwatu)，虽然这里距离各人气海滩都有段距离，但夕照的美景仍吸引着大量游客专程造访。

遗世独立的乌鲁瓦图，最初

纪念品的好去处，虽然价格稍高，但却省了花在比较和议价上的心思和时间，所以也不失为一个不错的选择。

超市附近是皮衣商店集中的地区，如选不到合适的皮衣，还可以量身定做。

于 11 世纪时由一位爪哇僧侣 Empu Kuturan 倡导兴建，后来另一位僧侣 Nirartha 接续了增建的工程，闻名遐迩的海神庙同样出自 Nirartha 之手，他后来选择隐居于乌鲁瓦图，直到生命终了。

蠢立在高高崖顶的乌鲁瓦图庙有着傲视一切的气势，寺庙昂首迎接夕阳的身影更是闻名遐迩，每至傍晚，总有各国游客以不同的语言争相赞叹。

占地利之便，乌鲁瓦图庙适合摄影取景的角度不少，但在举起相机之际，请密切注意身边四处乱窜的猴子。这里的猴子并不比乌布猴林里的同类更懂分寸，乏人管教的结果便是个个顽劣十足，往往在你专心拍照时窜出一只猴儿抢走你的

耳环、眼镜、背包或口袋里的东西，令人防不胜防。千万别低估它们的胆识与反应，曾经有个游客连护照都被抢去，结果累得导游以水果哄骗换回。别深信人比猴儿聪明，它们会使出看家本领教你伏地认输。

购物

库塔购物商街艺廊
Kut a Galleria Artist Community

📍 P89B3

🏠 Kuta Galleria Shopping Centre, Kuta—Bali

☎ (0817)4757572

🕐 10:00~17:00（遇假日休息）

💰 咖啡2 500Rp.、画家速写每幅40美元、绘画课2小时50美元

以前人们普遍认为到了库塔只能逛街购物，但现在却有了一个完全不同的选择，那就是欣赏画廊，在一片喧闹的环境中，感受艺术的气息。

由瑞奇(Ricky Karamoy)成立的艺术家咖啡馆(Kuta Galleria Artist Community)，是专门给有抱负的年轻艺术家们施展才华的地方，有志者可以来这儿学习，也可以在这里展示作品。因此，不论是印尼日惹艺术(ISI, Yogyakarta)研究所的毕业生，还是印尼艺术学院(STSI, Denpasar)和Udayana大学的学生，都纷纷来此习艺作画。他们特别喜欢当场作画，并积极探索以崭新的形式来表达其艺术灵魂。

除了年轻艺术家，还有不少名家以在此展出作品的方式来给这些新生代画家支持，如爪哇名家哈琼诺(Harjonoh)与登巴萨人像画名家克都达沙纳(Ketut Darsana)。来这里，可以喝一杯咖啡，沉浸在艺术的氛围里，如果有兴趣，还可以现场学习绘画。

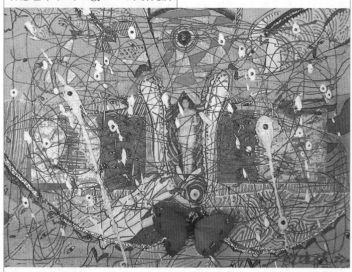

Mario Silver

⏏ P97A2

😊 珠宝

💲 戒指10～20美元1枚

走进 Mario 的店面，五花八门的项链、手镯和戒指映入眼帘，这里就像是一间银饰博物馆。店内的首饰由多个来自世界各地的设计师设计，在巴厘岛以纯手工打造而成。不论是复古还是新潮的设计，都非常大方而又具有个性。塞米亚客的这家是总店，Mario 在库塔还拥有数家分店。

塞米亚克扫街图

A

⑪ OK便利商店

Jl. Dyana Pura

1 |

Serene ⑪

Rear ⑪

⑪ Ryan
⑪ Katak
⑪ Asri
⑪ Puspavida
⑪ Biasa
⑪ ADIS Silver
⑪ Vertigo
⑪ Heboh

Jl. Seminyak

Bintang 超市 ⑪

Mario Silver ⑪

2 |

⑪ Baliku

⑪ Alia

Daya ⑪

⑪ Mafira

ADA ⑪
Charisma ⑪

⑪ Dijaya

Jl. Double Six

Cik Cak ⑪

3 |

⚙ Teras Rest

Jl. Bagus Taruna

Ebano ⑪

Asia Line ⑪

N

图例 ⚙景点 ⑪商店

A

库塔

⑪

购物

Serene

⏏ P97A1

😊 杂货

💲 烛台19 000Rp.

简明的颜色与线条是 Serene 店内商品的突出特色，这些充满禅味的风格与设计深受游客青睐。店内选用当地盛产的石材、柚木和丝等原料制成的风格独具的烛台、桌巾、餐盘和雕像，置于任何现代风格的环境中都不会显突兀。如果你喜欢这种风格，还可以和主人商谈，为你量身打造一套禅风家饰。

97

Daya

📍 P97A2

😊 杂货、珠宝、服饰

💲 一瓶5.4OZ的按摩精油售价约
54 000Rp.

　　Daya 是一间走精品路线的商
店，店内所售商品种类丰富，服装、
手工制的提包和珠宝饰品应有尽有，
而且都是出自专属设计师的作品，
另有精油、去角质等水疗产品出售。
Daya 在乌布和库塔都设有店面。

ADA

📍 P97A3

😊 珠宝

💲 小珍珠项链17.5美元、银手
镯35美元

　　这是一家主营银饰的珠宝店，
店内首饰造型多样，极富现代感的
简约设计中流露出女性的妩媚气质。
这些中性而又不乏甜美气息的饰品
不仅好搭配，而且永不过时。

Charisma

🚠 P97A3

😊 服饰

💲 服装约150 000～240 000 Rp.

　　这家店专售白色麻纱质地、造型飘逸的男女服装。与身兼设计师的老板聊后才知道，他原是电脑程序设计师，还曾在中国的电脑公司工作过4年。Charisma飘逸浪漫的服装风格很难和电脑程序联系在一起，令人惊讶不已。

Cik Cak

🚠 P97A3

😊 杂货

💲 小型作品约10 000 Rp.

　　Cik Cak是一间以经营小型陶制品为主的个性小店，店内有造型可爱的青蛙水壶，以及烛台、香炉等充满巴厘岛风情的小型作品，件件个性十足，充满了古拙的趣味，深受游客青睐。

Asia Line

🏔 P97A3
😊 杂货
💲 小面具55 000 Rp.、大面具 90 000 Rp.

　　Asia Line 是一个非常可爱的小杂货铺，这里有各种尺寸、材质和款式的相框出售，洋溢着浓浓南洋风情的线香也是店里的明星产品，很适合作为旅游纪念品带回国内送给亲友。特别推荐 Asin Line 所售的面具，这些木制面具的外面还有一层布面具，不仅造型别致，而且做工也堪称精致。

ADIS Silver

🏔 P97A2
😊 珠宝
💲 从8 000 Rp.到上百万Rp.

　　这里出售各种镶嵌着珍珠、玛瑙、琥珀和红宝石的银首饰，仿佛一个多彩多姿的珠宝展示中心。店内商品的价格从低到高都有，可视预算做选择。

Pupavida

🏔 P97A2
😊 服饰
💲 背心约6 000 Rp.起

　　该店的商品结合了新潮与复古两种风格，产品相当多元化。店内商品丰富的款式和颜色展现了设计者的巧思，其中充满民族风情的衣服、背包与凉鞋最受欢迎。

Katak

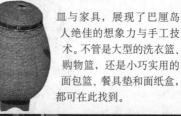

🅐 P97A1

☺ 杂货、家具

💲 竹篮约50 000 Rp.起

店内各式各样的竹编器

皿与家具,展现了巴厘岛人绝佳的想象力与手工技术。不管是大型的洗衣篮、购物篮,还是小巧实用的面包篮、餐具垫和面纸盒,都可在此找到。

Vertigo

🅐 P97A2

☺ 服饰

💲 160 000 Rp.

Vertigo 主要出售富有个性的牛仔衣、牛仔裤和背包。设计师以颜色深浅不一的牛仔布料拼成的牛仔装极具嬉皮风格,是展现个性的绝佳单品。

Baliku

- P97A2
- 杂货
- 小型的椰子缸 约700 000 Rp.

店内最特殊的商品要数这种造型奇特的椰子树水（米）缸了，因为是以天然的椰子树干做成的，所以每个缸的形状和大小各不相同，既有长柱形，也有常见的圆桶形，可以作为个性家具装点居室。

Dijaya

- P97A3
- 家具
- 热带风情马桶 750 000 Rp.

这是一间很有意思的商店，主要经营灯饰和卫浴用品，如造型如浅浮雕的佛头灯饰和以热带风情的海洋为主题的浴室用品系列——马桶盖、毛巾架都内嵌有贝壳。就算不买而仅在经过时进来逛逛，也会觉得很有收获。

Mafira

- P97A2
- 杂货
- 贝壳风铃每串 150 000 Rp.

店里的多数产品都是由贝壳制成的，如贝壳打光后镶制而成的洗脸盆、杯盘、汤匙、风铃等，种类花样繁多。用珊瑚和贝壳制成的色彩缤纷的灯罩，是店内的人气商品。

Ryan

📍 P97A1
😊 杂货、家具
💲 小型的镜子约100 000 Rp.

主营以铁熔铸而成的创意家居饰品，大如桌椅、橱柜，小如太阳造型的镜子和猫型的烛台，件件充满了创意，可为家居增添趣味，让人爱不释手。

Ebano

📍 P97A3
😊 杂货
💲 一支发簪约25 000 Rp.

这里有多款由木头、牛角、牛骨等不同材料制成的精美发簪。想要一支样式特别的发簪来变化发型的女士，来这家店仔细找找，一定会有不错的收获。

🍴 美食

Kori

- 🅰 P89B3
- 🏠 Jl.Poppies II,Kuta
- ☎ (62-361)758605
- 🖷 (62-361)752510
- 🕐 午餐11:00～16:00、晚餐16:00～23:00
- 🌐 www.korirestaurant.com
- ❗需加15％的营业税和服务费

这家餐厅位于库塔市区最热闹的地段，进入 Kori 却是别有洞天：数座巴厘岛式的凉亭以及潺潺流过小桥的流水，营造出静谧温馨的用餐气氛，与咫尺外的尘嚣完全隔绝。餐厅老板来自美国，他和印尼妻子于1998年成立了这家餐厅，此外他们还经营了相当受欢迎的 Wuluwatu 蕾丝专卖店，是外国人在巴厘岛经商成功的经典实例。

Kori 的菜色相当多样化，其口味结合了巴厘岛与西式餐点的精髓。由于早期的巴厘岛游客以欧美和澳大利亚人士为主，所以菜品也多为迎合这些人的口味而设计。Kori 利用巴厘岛与澳大利亚的地缘关系和当地的海鲜特产，开发出独特的澳大利亚岩烧牛排和海鲜烧烤。同时，他还在菜单里加入了一些巴厘岛口味的料理，强调以新的烹调手法调理传统的菜色。有兴趣的朋友不妨试试这里的主厨沙嗲、蕉叶烤鱼 (Ikan Pepes) 和香料炖牛肉 (Semur Daging)。

TJ's

- 🅰 P89B4
- 🏠 Poppies Lane 1,Kuta
- ☎ (62-361)751093
- 🕐 8:30～23:00
- ❗需加15％的营业税和服务费，消费100 000Rp. 以上才能刷卡

已有近20年历史的 TJ's Bar & Restaurant，在巴厘岛的餐厅里算得上是历史悠久。融合了加州口味的墨西哥菜是这里的特色，由于加州是个包容性很强的地方，因此能在这里吃到印度咖喱口味的卷饼也就不稀奇了。餐厅以充满热带风格的莲花池为中心，低矮的围墙兼具隔断和通风的功能，整个环境充满异国情调。

墨西哥 Taco 脆饼和 Fajita 软皮卷饼是不能错过的美食，还可享受自己动手制作的乐趣。由于每份餐点都分量十足，因此建议午餐可选择量较少的 California Wrap，其中的印度鸡肉卷 (Indian Chicken Keema) 算是很有特色的料理，所用食材包括以印度香料处理过的茄子、碎腰果和优格，再蘸上芒果酱和酸酪，印墨合璧，风味独特。

店里的甜点都是每天现做的，所以并没有固定的菜单，感兴趣的话最好事先询问一下。TJ's 还提供早餐，不错味道也。

Kafe Warisan

- P89A1
- Jl.Raya Kerobokan 38 Br. Taman,Kuta
- (62−361)731175
- 午餐时间为周一～周六的 12:00～16:00，晚餐时间为 每日19:00～24:00
- www.kafewarisan.com
- 需加15％的营业税和服务费

在处处充满亚洲风情与传统的巴厘岛，也能享受到优雅高档的法式料理？不要怀疑，主营法国菜的 Kafe Warisan 自 1997 年开业起，就吸引着众多来自世界各地的美食家们光临。餐厅负责人 Nicolas Tourneville 曾是法国驻印尼等多国大使馆的主厨，烹饪法式料理的水

Gateway of India

- P89A1
- Jl.Abimanyu10,Seminyak,Kuta
- (62−361)732940
- 12:00～24:00

这家餐厅前有个大烤炉，厨师总是在这里现场甩饼、烤饼，再加上香气四溢的印度香料的味道，让

人很难不进去瞧瞧。Gateway of India 是由一个印度家族所经营的餐厅，在开设 Gateway of India 后的短短 3 年内，他们又在同一区及沙努新增了两家分店。

菜单上共有 200 多道菜，推荐一种 Naan 饼，再搭配几道口味不同的咖喱或其他香料烹调的肉类或蔬菜，以饼蘸酱汁，正是最具印度特色的吃法。喜欢吃烤鸡的人，还可选择坦都烧烤（Tandoori）或用无骨鸡块制作的 Tikka 烧烤。

准自是不在话下。他独创性地将亚洲的调味料和烹调手法融入法国料理，赢得了一片赞叹声，尤其是那些在巴厘岛置业的欧洲富豪们，最爱到这里来享受法式美味。

Kafe Warisan 位于大路旁，前方是贩售古董和艺术品的商店，穿过暗窄的通道，是豁然开朗的一大片绿油油的稻田。用餐区就设在宽阔的露台区，晚餐若提前订位，游客还会惊喜地发现，你的名字被贴

心地写在树叶上，小小的举动却令人感到非常温暖。这里的主菜分为海产 (From the Sea)、农产与肉类 (From the Farm) 和面食 (Pasta)。其中海鲜鹅肝千层面 (Lasagna)、小牛排 (Grilled Australian Veal Chop) 和法式鸭排 (Duck Confit) 是最受欢迎的料理。另外，享用法国料理，当然少不了美酒相佐，Kafe Warisan 提供了多种由法国和美国加州进口的高级葡萄酒。

在穿过旷野的徐徐微风中享受美酒佳肴，不醉都难。

Hana

📍 P89A1
🏠 Galeria Seminyak, Jl. Raya Seminyak, Kuta
📞 (62-361) 732778
🕐 12:00～24:00

Hana 日本料理身处热闹繁华的塞米亚客街上，招牌却低调得让人不容易找到。进入餐厅内，简单大方的榻榻米座位和小方桌显得禅味十足。来自日本的老板娘 Michiko 当初就是因为想念家乡菜的味道，才开设了这家日本餐馆。她以新鲜、健康的概念为宗旨，设计出多种新式日本料理，这里的菜品坚持不用味精等人工调味料提味。

Hana 的老板和老板娘都是相当有个性的人，他们向来不做广告，因为他们坚信好东西一定会得到大家的认同。

Papa's Cafe

Ⓐ P89B3
🏠 Jl.Pantai Kuta,Legian, Kuta
☎ (62－361)755055
📠 (62－361)750751
🕐 8:00～次日凌晨1:00

这家餐厅拥有面对 Legian 海滩的绝好位置，是一个迎着徐徐的凉风聆听海浪声，混着空气中的咸味来享受一顿美餐的好地方。 Papa's Cafe强调以最好的食材来制作美食，包括咖啡豆、橄榄油、意大利面、起司等都是从意大利进口的。这里提供各式意大利料理，店内的比萨烤炉还是传统的烧柴式火炉，着实令人惊喜。如果不是很饿，建议点个熏鲑鱼大蒜面包(Bruschetta al Salmone e Avocado)配酪梨、番茄和洋葱，或点颇有地中海特色的洋芋烤鲑鱼。

Fabio

Ⓐ P89B1
🏠 Jl.Raya Seminyak,Kuta
☎ (62－361)730562
📠 (62－361)730564
🕐 9:00～0:00
🌐 www.indo.com/restaurants/fabios

Fabio 位于新兴的塞米亚客区，餐厅建筑采用了巴厘岛传统的茅草屋顶，内部设有一个花园中庭。每到夜晚，半露天的花园内点上荧荧烛火，配上随风飘扬的白纱窗帘，显得十分浪漫。每到周三、周五和周六便有乐团和拉丁歌手在此演出，让客人感受到热情的拉丁风情。

Fabio 的老板是一位来自雅加达的富商，他因为自己对意大利料理的钟情而开设了这间意大利餐厅。意大利人对美食的喜好是世界闻名的，他们喜欢使用大蒜来调味和喜爱面食等特性和中国人十分接近，因此 Fabio 受到不少华人的青睐。

在长长的菜单里，提供了包括比萨、千层面、地中海式沙拉等各式意大利餐点，几乎囊括了南、北意菜中的特色菜式。

意大利面还可细分为细面、管面、宽面、螺旋面等，再搭配上浓稠的起司或番茄酱汁，花样多得令人眼花缭乱。另外，用大量海鲜制成的地中海海鲜汤和北意著名的米兰烤饭，也都是这里的招牌菜色。

The Balcony

P89B4

16 Jalan Bene Sari, Legian, Kuta

(62-361)750655

7:30~23:00, 提供早、午、晚三餐

步入餐厅, 你就会明白这里为何被命名为Balcony了——老板聪明地将二楼的空间设计成露台式, 并运用蓝白两色, 使整个空间呈现出绝妙的地中海风情。

以西班牙式的Tapas小菜来开场是一个不错的选择。Tapas有冷、热盘之分, 口味又有橄榄、辣味肉球、熏火腿、淡菜、腌乌贼等多种选择。最好是叫上一瓶啤酒, 点几盘不同的Tapas, 边吃边聊天, 这才是最地道的西班牙式吃法。

海鲜串烧是老板颇以为傲的主菜, 超大号的海鲜串烧着实令人垂涎: 那成串的鱿鱼、Mahi Mahi、马林鱼和草虾, 真是要有很大的胃口才吃得完。饭后还可以来上一份主厨推荐的红莓提拉米苏。

库塔

美食

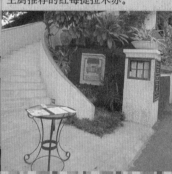

Spago Restaurant and Bar

🏔P88B3

🏠Jl. Danau Tamblingan 79, Sanur

☎(62–361)288335

🕐9:00～次日凌晨1:00

❗需加10%的税金，小费和服务费另计

Spago餐厅位于Sanur，建筑外观是巴厘岛式的大草屋，开放通风的设计，以及融合些许欧洲风味的桌椅、灯饰和灯光效果，营造出相当舒适的用餐环境。

就连菜单的样式都经过用心的设计，显示出店主独特的品味。

老板Josef Schien来自澳大利亚，具有多年国际旅馆餐饮管理的经验。1999年起开始自立门户，经营这家餐厅。Spago以经营法、意等欧式口味的料理为主，并不断地更新改良，加入一些亚洲料理所特有的调理手法，常使一道看似简单的料理，呈现出令人惊艳的丰富味觉。

Koki

🏔P88A2

🏠Jl. Bypass 9X, Blanjong, Sanur

☎(62–361)287503

📠(62–361)287503

🕐16:00到次日凌晨

从店面装潢来看，Koki并不是一个精致讲究的餐厅，但这里却因地道的德奥口味而深受长期居住在巴厘岛的欧洲人欢迎，据说许多星级饭店的经理、主厨都是这里的常客。

Koki内部的用餐环境非常轻松，与那种必须穿着正式的餐馆相比，这里更接近Pub，这是随和亲切的老板Olaf用心营造出来的气氛。餐厅的前方是吧台、撞球台和高谈阔论的客人们，透着舒适与随意。玻璃门后方则是较安静的用餐区，很有老式欧洲饭店的味道。

这里的菜色具有"德国妈妈"的味道，最具人气的菜式有各类德国香肠、牛肋排、德式炸猪排和牧羊人派（淋上马铃薯和起司的碎牛肉和蔬菜煎饼）。不过，由于德奥料理以肉食为主，所以这里并不适合素食主义者前往。

库塔

Jimbaran Bay Seafood Restaurants

🔺P93A1

📍沿着金巴兰海滩

🕐中午到凌晨

巴厘岛的海滩数不胜数，而金巴兰海滩却以特别的夕阳晚餐受到众多游人的青睐。金巴兰原本是渔港，也曾是海产品交易市场，随着游客的涌入，海滩上的海鲜碳烤生意开始慢慢多了起来。由于物美价廉，又可以欣赏日落晚霞的美景，所以深受游客欢迎。

要欣赏日落，就要提前算好时间，到海滩上抢个好位子，点了饮料静静地等待日落。橘红的霞光伴着浪花与涛声，远处的小舟上有若隐若现的渔火……这温馨而浪漫的画面令人沉醉。

日落后，餐桌上便点起了蜡烛，海滩上顿时形成一片星海。这时就可以点选新鲜海鲜，请餐厅现场烤制了。

现在，沿着海滩约有上百家的海鲜碳烤店。有些人认为洲际饭店和四季饭店附近的摊子比较本地化，也比较不容易被骗，就是店面较小。不过这些看法见仁见智，较客观的建议是挑一家生意还不错的店面，因为海产讲求新鲜，顾客多的店比较容易维持海产的鲜度。

Bumbu Bali

🔺 P93B1

🏠 Jl.Pratama, Tanjung Benoa,
Nusa Dua

☎ (62—361) 774502

🕐 11:00～23:00

🌐 www.balifoods.com

❗需加10%的服务费和营业
税，晚餐最好提前订位

提到正统的巴厘岛式美食，相
信有半数以上的当地人会向您推荐
Bumbu Bali。

澳大利亚籍的老板 Heinz von
Holzen 原是凯悦的主厨，来到巴厘
岛后，常苦恼于餐厅遍地却吃不着
地道的巴厘岛菜式——最重要的原
因是当地人没有在外用餐的习惯。
爱上巴厘岛的 Heinz，为此专心研
究巴厘岛美食，并于 1997 年成立了
Bumbu Bali 这家以地道的巴厘岛

佳肴而著称的餐馆。

第一次到 Bumbu Bali 用餐，
建议选择 Balinese Risjttafel 套餐。
所谓的 Risjttafel(Rice Table) 正是
饭桌之意，也就是以米饭为主食，
搭配各种菜肴，和中国人的餐饮习
惯很接近。整组套餐包括前菜、汤、
主菜和甜点，口味以咖喱和各式南
洋香料为主，这里的香料比较多样
化，但酸味不如泰式料理重。不论
是前菜、主菜还是甜点，都是组合
了多种口味的拼盘。鲜艳欲滴、香
味满溢的套餐，一定会让你吃饱喝
足，并带着满意的微笑离开。

SPA

Natalie Spa

⚠️ P93B1

🏠 By Pass Ngurah Rai Street No.888ABC,Nusa Dua

☎ (62-361)777278

📠 (62-361)777279

🕐 10:00~22:00

🌐 www.nataliespa.com/index.asp

📧 reservation@nataliespa.com

Natalie 位于努沙杜瓦的外环快速道(By Pass Ngurah Rai)上，这是一家 Spa 专门店。开业以来，这里一直因周到的服务和公道的价格而吸引了不少游客的光顾，特别值得一提的是，这里还有不少懂得中文的员工。

一进门的右侧是足底按摩室，提供足底穴道按摩，颇受日本游客欢迎，这里最多可容纳 6 人。地下室附设有免费的桑拿间供客人使用。双人按摩房多半位于 2 楼，附设有淋浴设备和浴池。

这里的服务项目比较简单，按摩手法以巴厘岛式为主。身体护理的疗程以 Lulur 为主，其中较特别的是火山泥和死海黑泥护肤，所用的死海黑泥是从以色列进口的，滋养和修复的效果都很不错，但若遇到死海泥断货，则会改用自欧洲进口的火山泥来代替。

推荐SPA

疗程名称	价格（美元）	疗程时间（分）
爪哇露露(Lulur)	40	120
活力酪梨去角质(Rejuvenating Avocado Scrub Treatment)	45	120
火山泥身体疗程(Mountain Mud)	45	120

金巴兰四季度假旅馆
The Spa at Four Seasons, Jimbaran

- P93A1
- Jimbaran 80361
- (62-361)701010
- (62-361)701020
- 9:00~21:00
- www.fourseasons.com
- reservation.fsr@fourseasons.com

说到金巴兰四季度假旅馆在世界各种知名旅游杂志（如《Conde Nast Traveller》和《Travel & Leisure》）所获得的荣耀名次，真是数不胜数。但光看杂志可无法获得那种身历其境的深刻感受。如果问人间何处是仙境，那么四季应该是一个不错的答案。

在2003年美国出版的《Travel & Leisure》杂志中，除了在疗程这一项上屈居第二，金巴兰的Spa在总体、评价、环境这三项上都勇夺全球最佳Spa的第一名。难怪世界名模辛迪·克劳馥（Cindy Crawford）也要远渡重洋，来到这里享受顶级的Spa服务。

占地1000平方米的金巴兰四季Spa中心，与巴厘岛风格的饭店大厅遥相呼应。一推开门，迎面而来的是四季人一贯的亲切招呼，右手边是随时供应矿泉水和冰毛巾的健身房，左手边就是金巴兰四季Spa的静谧天地。

疗程名称	价格（美元）	疗程时间（分钟）
海洋薄荷排毒仪式(Sea Mint Detoxifying Ritual)	180	180
岛屿水果仪式(Island Fruit Ritual)	180	180
金巴兰露露(Lulur Jimbaran)	110	120
海洋仪式(Ocean Ritual)	110	120
雨浴(Rainshower)	130	120
巴厘岛式按摩(Balinese Massages)	50	30
椰奶肌肤去角质(Coconilla Skin Scrub)	65	60

走在巴厘岛式柚木建筑中，最先映入眼帘的是被绿意包围的中庭和随处可见的白色鸡蛋花，耳边只听到流水声和轻柔的乐声，让人不禁放轻脚步、放低声音。

在金巴兰四季所享受的Spa，是古代爪哇公主的青春秘方"Lulur Royal"。这种已经流传了数个世纪的王族秘方，向来被印尼人视为女性婚前的重要仪式之一。Lulur疗程在金巴兰四季的Spa中，被命名为

"Lulur Jimbaran"，也就是以海盐、海藻等富含海洋营养素的原料为基底的Spa。这是因为金巴兰四季在巴厘岛傍海的金巴兰湾(Jimbaran Bay)和依山的山妍村(Sayan)各有一间度假村，为了充分展现两处不同的地理特性而特意为金巴兰Spa设计的。另外，在以海盐进行身体按摩的"Rainshower"疗程中，轻柔的温水水柱如雨滴般击打在受疗者的背部，让人有如沐浴在春雨中的清新感受，这是金巴兰最受欢迎的Spa疗程之一。金巴兰四季Spa的核心，就是让海洋元素与Spa完美结合。的确，在坐拥金巴兰湾白色沙滩的此处，享受海泥与海盐的沐浴与治疗，就像是把自己投入湛蓝的大海里，化身成一尾自在悠游的鱼儿，将凡间的纷扰都悉数忘掉。

金巴兰丽池卡登度假旅馆
Thalasso & Spa at The Ritz-Carlton, Jimbaran

📍 P93A1

🏠 Jalan Karang Mas Sejahtera, Jimbaran

☎ (62-361) 702222

📠 (62-361) 701555

🕐 7:00~22:00

🌐 www.ritzcarlton.com

✉ spa.reservation@ritzcarlton-bali.com

屡获欧美及日本等地国际知名媒体Spa大奖的丽池卡登Thalasso & Spa，曾荣获过2003年《Conde Nast Travel & Leisure》读者评鉴全世界最佳Spa疗程的第1名，同时也被CNN选为亚洲最佳Spa地。种种荣誉，让人不免好奇地想一窥其中的奥秘。

进入Spa区，首先映入眼帘的是超大型海水疗池(Aquatonic Seawater Pool)，不断喷洒的强力水柱和冒着小水花的按摩池，可以说是以海水疗法称霸巴厘岛的丽池卡登Spa的标志。海水疗法的重点便是海水，这里所用的印度洋海水不仅含有许多有益人体的微量元素，而且还可修补受损肌肤。在丽池卡登Thalasso & Spa，不只是海水疗池，这里的水疗浴缸、强力水柱等设备也都引用来自印度洋的海水。海藻也是海水疗法的重点，海洋里有两万种以上的藻类，从海藻中提炼出来的精华富含维生素、矿物质、微量元素和氨基酸，对于改善呼吸系统、增强心肺机能和红血球的制造功能都有不同的疗效。

说到按摩，这里有岛上独家的花瓣按摩和热砂按摩，也有传统的巴厘岛式按摩、日式Shiatsu和足底按摩。

花瓣按摩的整个过程都笼罩在浓浓的花香里：将新鲜的鸡蛋花和玫瑰花瓣撒满全身，再轻柔地按摩全身，花瓣所释放出来的花之精华可舒缓肌肤，并有利于令紧绷的神经放松。热砂按摩则是由热石按摩发展而来的：将细沙装在如中国沙包般大小的袋子里，以香茅、野姜、

丁香等香料熏制后，趁着微微的余温按摩，有利于排除体内毒素和放松肌肉。最有特色的身体疗程要数这里独创的库布海滩(Kubu Beach)疗程了，库布海滩是丽池卡登的私有海滩，疗程因使用了来自库布的海水和细沙而得名：首先以清凉的柠檬水清洗双脚，接着用细沙和海藻萃取物按摩双脚。之后便开始全身的巴厘岛式按摩，并以法国进口的海藻泥护肤，这种海藻泥同时含有可镇定皮肤的芦荟成分和富含维生素的葡萄柚及橙花成分，有助于滋润肌肤。

推荐SPA

疗程名称	价格（美元）	疗程时间（分钟）
花瓣按摩(Aromatic Petal Massage)	80	80
热砂按摩(Hot Sand & Herbal Steam Massage)	80	80
身体疗程(Kubu Beach)	90	90
爪哇露露(Javenese Lulur)	90	90
海洋套装疗程(Marine Wave Deluxe)	125	70
海洋套装疗程(Thalasso Experience)	115	170
海水疗池(Aquatonic Seawater Pool)	38	120

努沙杜瓦日航饭店
Mandara Spa at Nikko Resort

🔺 P93B2

🏠 Jl. Raya Nusa Dua Selatan,
P.O. Box 18, Nusa Dua

☎ (62−361)773377#5

📠 (62−361)773388

🕐 8:00~23:00

💻 www.nikkobali.com

@ res@nikkobali.com

努沙杜瓦海边山崖上的日航(Nikko)饭店,有着巴厘岛绝无仅有的景色:饭店建在洁白沙滩边40米高的峭壁上,砖红色的屋顶衬着蓝得不可思议的天空,美若海角一仙境。

搭电梯上顶楼,往下望去便是有着漂亮曲线的不规则游泳池,远眺则可以看到广阔的海景。

日航饭店的Spa由Mandara经营。Mandara可以说是巴厘岛Spa的开山始祖,也是巴厘岛目前最大的Spa连锁中心,许多五星级旅馆或高尔夫球场里附设的Spa都属于Mandara。

"Mandara"这个词源于古老的印度传说,据圣书上记载,Mandara是座圣山,所涌出的泉水具有强大的破坏与再生能力,代表着更新的魔力与生生不息的生命力。Mandara秉持这种精神,希望能带给顾客一种充满生命力的美。

吸取流传已久的古老智慧中的精华,Mandara将巴厘岛的养生之道发扬光大。这里结合了药草、按摩、水疗,以及对天地的虔诚之心,总能让人在不知不觉中进入最美的梦乡。

"两人四手"可以说是Mandara的招牌按摩,它发源于夏威夷,这种按摩融合了日式Shiatsu、夏威夷

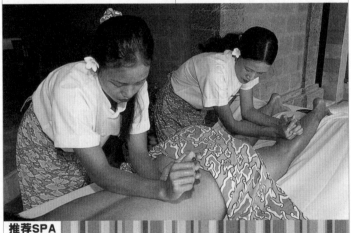

推荐SPA

疗程名称	价格（美元）	疗程时间（分钟）
巴厘岛式(Balinese)	55	50
两人四手(Mandara Massage)	95	50
热石按摩(Warm Stone Massage)	63	50
纯净自然脸部疗程(Pure Nature Facial)	55	50
纵情极致套装疗程(Ultimate Indulgence)	215	140
和谐套装疗程(Harmony)	127	110

Lomi Lomi、泰式、瑞典式和巴厘岛式共5种按摩手法。这种按摩由两个按摩师共同来服务，其中一位是带领者，称为Mother，另一位则是对称者，称为Mirror。这两个人以一致的节奏，对称地按摩，两人甚至连呼吸都必须调整一致，据说如此才能达到按摩的最佳效果。

日航饭店的Spa位于饭店的最底层，漂亮的游泳池将Spa区分为两部分：一是主建筑底层的接待中心，这里有芳疗室、健身中心、桑拿房、蒸气浴室、美容沙笼以及布置如洞穴般的Jacuzzi；穿过游泳池上的小拱桥，便来到了另一部分——海滩旁的一栋栋小别墅，这里是强调隐秘性的双人Spa Villa，宽敞的空间以传统的半开放式建筑为主体，每栋别墅都配有私人浴室和精心设计的庭院。

Jamu Spa at Alam Kul Kul

- 🅐 P89B3
- 🏠 Jl.Pantai Kuta,Legian
- ☎ (62-361)752520
- 📠 (62-361)752519
- 🕐 10:00~22:00
- 🌐 www.jamutraditionalspa.com
- ＠ jamubali@jamutraditionalspa.com

小巧典雅的 Alam Kul Kul 饭店位于 Kuta 海滩旁,附设的 Spa 由 Jamu Traditional Spa 经营,店内运用竹、藤等材质的古董家具和当地手工艺品营造出一种温馨的气氛。

这里所提供的服务种类较少,例如身体按摩就只提供一种手法——融合了巴厘岛式和经络式的按摩。身体套装疗程分为传统和新世纪两个系列,前者包括了最常见的 Lulur、Boreh、Kemiri Nut Scrub 和 Coconut Mangir。Kemiri 又称为 Candlenut,中文名称为石栗。早先巴厘岛人都以磨碎的石栗粉来清洗身体,这种富含维生素 E 及 Omega 3 的石栗粉特别适合干性及敏感性肌肤。Coconut Mangir 则是清洁效果更甚于 Lulur 的一种疗程,敷料由米粉、新鲜的椰子或胡萝卜,以及磨碎的花瓣和蒸馏水混合而成。按摩时取用敷料以圆周的方式涂抹全身,这款能深层清洁肌肤的 Spa 非常适合男士。

Well Being Spa

- 🅐 P89B1
- 🏠 Jl.Lasmana No.66b,Seminyak,Kuta
- ☎ (62-361)735573
- 📠 (62-361)732226
- 🕐 9:00~22:00

Well Being 位于库塔最热闹的市区北边,开车约需 20 分钟车程,因距离稍远,可事先预约并请店方接送。店面四周是绿油油的稻田,

圆弧造型的门窗将 Well Being 装点得就像个童话小屋,大理石和瓷砖光可鉴人,明亮而一尘不染的环境吸引了很多日本客人前往。Well Being 的顾客以日本人居多,费用也较一般的 Spa 店高些,但只要来过一次,就会觉得物有所值。

Rejuvenation 其实就是一般所谓的 Lulur 套装疗程。这里所用的 Lulur 敷料的颜色较白,因为原料以石栗、人参、芦荟等成分为主。

另外,这里的芳香疗法按摩较

推荐SPA

疗程名称	价格 (美元)	疗程时间 (分钟)
Well Being Massage	62	90
芳香按摩(Aromatherapy)	40	60
The Touch of Well Being	90	180

推荐SPA

疗程名称	价格（美元）	疗程时间（分钟）
Kemiri Nut Scrub	65	90
Coconut Mangir	80	120
爪哇露露(Javanese Lulur)	80	120

为特别：结合了淋巴引流和足底按摩，同时燃烧精油以帮助客人放松情绪。这种按摩可以促使体内毒素的排出，并通过刺激淋巴使人体的免疫力得以加强。

　　Exotic touch of Bali 则是结合了 Boreh 护肤和芳香疗法的按摩，可以有效促进人体的新陈代谢，尤其适合长期坐在办公室的上班族。

H 住宿

金巴兰四季度假旅馆
Four Seasons
at Jimbaran Bay

- P93A1
- Jimbaran 80361
- (62－361)701010
- (62－361)701020
- 8:00～23:00
- www.fourseasons.com
- @ reservation.fsr@fourseasons.com

巴厘岛金巴兰四季度假旅馆是美国《Condé Nast Traveller》读者票选的常胜军,这里绝对是岛上豪华旅馆的代表。设计师依巴厘岛传统村落的风格构思出旅馆的建筑框架——包括村落的广场、庭院的房舍和村落中的巷道。旅馆被设计成数个村落,以大厅等主要设施为中心建筑。每个村落由 20~25 间别墅组成,其中拥有庭院的别墅被建成传统巴厘岛房舍的样式,包含户外起居间、卧室和浴室。

豪华、宽广与隐秘是这些别墅的特质,建筑师与室内设计师运用了传统的巴厘岛式竹篷、典雅的印尼家具以及热带庭园等元素。每间别墅内都有一个小小的石雕庙宇,庙宇内以色彩鲜艳的花瓣作为供品,石雕面向着远在金巴兰湾对岸的、人人敬畏的火山,这是当地传统精神的延续。而室外的景色则透过大大的落地窗延伸至室内。

听着水池畔的小瀑布所发出的水声,闻着空气中淡淡飘过的鸡蛋花的香气,在这里,你可以坐在户外起居间里喝一壶刚刚砌好的茶,享受从容而平静的心情。这里的户外起居间有着舒适的长椅和椅垫,以及圆桌、冰箱和一个小小的酒吧。你可以随时在此冲泡咖啡,或是请服务人员送来一顿丰盛的大餐。傍晚,水池畔的蜡烛点缀着天边的晚霞,与心爱的人伴着点点星光与烛火在此相拥,真是浪漫极了!

丽池卡登度假旅馆
The Ritz-Carlton, Bali Resort

🔺P93A1

🏠 Jalan Karang Mas Sejahtera
Jimbaran

📞(62-361)702222

📠(62-361)701555

💲价格随不同房型与淡旺季而
有所不同，淡季价格每晚从
260～420美元不等

🌐 www.ritzcarlton.com

　　金碧辉煌的大理石浴室与精致的个人卫浴用品，传统的雕花电视柜大方地摆在床的对面，阳台前的落地窗边有舒适的躺椅，阳台上的私人小餐桌……这些还只是一般等级套房内的设施，The Ritz-Carlton 的奢豪程度由此可见一斑。

　　获选《Condé Nast Traveler》2002 年全球最佳度假旅馆第 8 名的丽池卡登度假旅馆，除了拥有海景套房外，在靠近悬崖边的位置还拥有 48 栋大小不等的独栋别墅。

　　占地广阔的丽池卡登度假旅馆是家不折不扣的大型旅馆。大理石是贯穿整个建筑的重要元素，并与巴厘岛传统的高梁柱茅草屋顶巧妙地搭配在一起。大厅内摆放着富有古意而又格调出众的家具，搭配着柔和的欧式吊灯，黄昏时天上的云彩映在大理石地板上，令人仿佛漫步云端。另外，中国的"阴阳"观念在旅馆的建筑设计中也得以体现，以旅馆的位置来说，旅馆坐落在代表"阳"的悬崖与代表"阴"的海洋边，阴阳相互平衡，象征着人类与大自然的和谐相处。

　　拥有 8 间各具特色的餐厅也是丽池卡登的一大特色，丰富的选择让客人可以依当日的心情来选择喜欢的料理和用餐环境。其中嵌在悬崖里的 Kisik Bar and Grill 是一个非常讨人喜欢的小餐厅，高耸的山壁将这里隔绝成一个远离尘嚣的小小天堂。想要观赏金巴兰湾独特落日美景的人，一定不要错过这里。可以点上一杯鸡尾酒，伴着海浪声观赏七彩的晚霞，还有传统的巴厘岛乐团现场演奏的甘美朗乐音伴着海风从远处传来，让每个人都不禁沉醉于其中。

　　为了使度蜜月的新婚夫妻度过一段难忘的时光，丽池卡登还特别推出了私人浪漫晚宴（Romantic Repast）的服务。

Bali Impian Pool Suite & Jacuzzi Suite

🔺P93A2

🏠 位于金巴兰的山丘地带 (Bukit)，距离库塔闹区约 15～20 分钟车程

💲240～300美元

这里有两间分别位于上下两层楼的双人套房，可分开或同时租用，人数更多时还可与隔壁的 Villa Bali Impian 一同租下。旅馆的设计师巧妙地用热带植物作为隔断，充分照顾到每间客房的隐秘性。

该店套房的空间十分宽敞，有着温馨舒适的卧室和卫浴间，以及设施齐全的客厅、厨房和阳台。客厅以巴厘岛风格的画作和面具作为装饰，非常有特色，卧房内超大的 King Size 双人床，让人想在上面赖上一天。

位于楼下的套房前方是一座热带花园，并附设有一座小型游泳池，所以命名为 Bali Pool Suite，在满天繁星的夜晚来此游泳是绝妙的体验。楼上的 Bali Jacuzzi Suite 套房内附设了超大型的按摩浴缸等豪华设施。这个房间位置高、视野好，天气晴朗时甚至可以远眺阿贡火山。

Villa Bali Impian

🔺P93A2

🏠 位于金巴兰的山丘地带 (Bukit)，与 Bali Impian Pool Suite 相邻

💲580～725美元

这间位于金巴兰山丘的高级别墅，是 Balivilla.com 的德国籍老板力邀设计四季饭店的名师精心打造的。别墅内配备了大牌的时尚家具

与寝具，处处透出奢华的气息。

　　一进大门就会发现，设计师巧妙的开放式设计让美丽的海景一览无遗。楼上的套房拥有一张复古的四角床，浪漫的床帷垂落在地板上；浴室里有一个超大号的 Jacuzzi 按摩浴缸，情侣们可以在此充分享受双人按摩浴的乐趣，还可以来杯美酒助兴；前方小阳台上有个美人靠，是观赏夕阳美景好地方。楼下的套房阳台上有一张吊床，可以在此悠闲地看书、打盹。浴室里虽没有按摩浴缸，却有着巴厘岛式的露天淋浴设备。

　　超大的游泳池是 Villa 引以为傲的设施，在游泳池边迎着徐徐微风、就着灿烂晚霞来顿烛光晚餐，真是浪漫又温馨。

Villa Bukit Hideaway

🔺 P93A2

🏠 位于金巴兰的山丘地带(Bu-kit)，距离库塔闹区约15分钟车程

💲 320～400美元

　　来自比利时的主人，运用地中海和巴厘岛风格，打造了这间相当有特色的别墅。屋子里处处可见造型独特、雕刻精美的的面具，显示着店主人的艺术品味。

　　餐厅和客厅的大片落地窗可以打开，使之成为四面通风的空间，宛如一座舒爽宜人的大凉亭。落地窗外就是蓝如澄镜的游泳池，在暖暖的骄阳下好像在不时向人招手。游泳游累了，可以靠在一旁爬满九重葛的亭子里休息，除了可以欣赏海景和机场起降的飞机，还可以请服务人员送上清凉的果汁或啤酒，享受一段惬意的假日时光。

　　这里的3个房间风格各异，浴室的设计则更是花了心思，比如浴缸旁放置有一座大型的热带鱼缸。此外，浴室的莲蓬头也别具意味——就地取材，以巴厘岛最常见的椰子壳制成，颇具古朴之美。

Uluwatu Surf Villa

📍 P45C4

🚗 距离乌鲁瓦图庙约5分钟车程、距机场约40分钟车程

💲 280~350美元

  Uluwatu Surf Villa 位于世界级的冲浪地，就算你不会冲浪，光是听听日日拍打着崖岸的浪涛声，也是一段令人难以忘怀的回忆。Villa 的主人来自南非，为了充分享用海景，这里的客厅和卧室全部采用大片的落地窗，海洋的美景在房间内就可一览无遗。还可以把所有的落地窗都打开，在通透的空间里尽情享受海天一色的美景。

  Uluwatu Surf Villa 以极简主义为设计基调，特别值得一提的是，这里的地板以特制的石灰岩制成，并精心地镶嵌了五光十色的贝壳，犹如海神的宫殿。

  Uluwatu Surf Villa 位于悬崖上，附近的海域并不适合游泳，但 Villa 内设有室外游泳池，池边的凉亭更是享用下午茶的好地方。值得注意的是，为了安全起见，位于断崖边的 luwatu Surf Villa 并不适合带儿童前往。

Villa Sanur Valia

🔺 P88A4

🏠 位于沙努区，距离机场约20
    分钟车程

💲 280～350美元

　　Villa Sanur Valia 位于沙努
区南端的小巷中，这里虽没有碧海
蓝天的景致，却有着一种自然的尊
贵气息，这点从入门处的大理石通
道便可见一斑。别墅的女主人是澳
大利亚籍珠宝设计师，嫁给巴厘岛
籍男子为妻，因此这栋别墅处处显
示出现代而又与众不同的品味。整
个 Villa 为巴厘岛式的挑高木结构
草屋，室内装潢则选用素净的大理石，并运用大量精心锻铸、造型优雅的
铸铁艺术品作为装饰，与室内的传统素材完美搭配，一点儿也不显突兀。
主卧室的设计相当西化，这里设有宽敞的更衣区，半露天的浴室则运用了
玻璃天窗，在轻松享受阳光的同时又避免了风吹雨淋。

　　Villa 的后院还设了座传统的家庙——巴厘岛的家庭一般都设有家庙，
只不过游客难得一见——这种对传统的坚持，也正是这里的魅力所在。

Rumah Bali Villa

🔺 P93B1

🏠 位于Tanjung Benoa半岛，距机场约20分钟车程

☎ (62-361)771256

💲 185～400美元

🌐 www.balifoods.com/villa

　　Rumah Bali Villa 和著名的巴厘岛餐厅 Bumbu Bali 同为 Heinz
von Holzen 先生所有。这位热爱巴厘岛文化的澳大利亚人，以巴厘岛村
庄为设计主线，聘请著名设计师 Bapak Ketut Artana 建造出这个颇具巴
厘岛文化气息的舒适所在。

　　巴厘岛的村庄结构显示着当地社会、宗教与经济组织的特点，村落一
般以庙为中心，人们依社会阶级 (Banjar) 而群居，每个 Banjar 中都设有
一个会议中心，也就是社区生活的核心地带。Rumah Bali Villa 的设计
便运用了这一理念 Villa 的中心是大型活动中心，为艺术展览提供了场地，
让住客能更近距离地感受巴厘岛人的生活哲学。

　　听起来严肃吗？其实不然，这个绿意盎然、舒适无比的环境，一定会
让你度过一个颇具文化气息的假期。这里还开办烹饪课程，空气里常弥漫
着香料的味道，有空的话不妨四处逛逛，相信会有意想不到的收获。

登巴萨

Denpasar

登巴萨(Denpasar)一词中的"Pasar"是"市场"之意，点出了它曾经一度身为贸易枢纽的身份。在过去的 30 年里，登巴萨得以快速发展，首府的光环使它曾经是游客们首选的游览地。但随着有着洁白海滩和齐备设施的南部获得越来越多游客的青睐，登巴萨渐渐落入了门可罗雀的尴尬境地。所幸这里扼南北交通要塞，一些游客还是会在登巴萨稍作停留，逛逛博物馆或市场。面对日渐冷清的光景，登巴萨人倒不强求，他们似乎清楚，比起讨好游客来，发展贸易才是更好的出路。

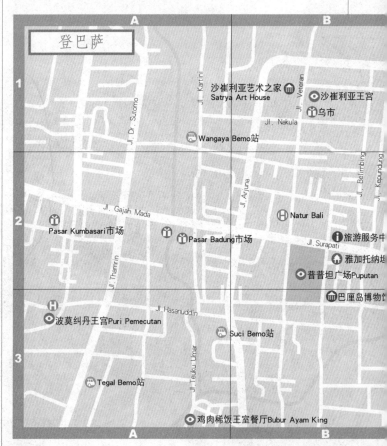

登巴萨

	A	**B**
1	沙崔利亚艺术之家 Satrya Art House / Jl. Kartini / Jl. Dr. Sutomo / Jl. Nakula / Wangaya Bemo站	Jl. Veteran / 沙崔利亚王宫 / 乌市
2	Jl. Gajah Mada / Pasar Kumbasari市场 / Jl. Arjuna / Pasar Badung市场 / Jl. Thamrin	Jl. Belimbing / Jl. Kepundung / Natur Bali / 旅游服务中 / Jl. Surapati / 雅加托纳地 / 普普坦广场Puputan / 巴厘岛博物
3	Jl. Hasanuddin / 波莫纠丹王宫Puri Pemecutan / Jl. Teuku Umar / Tegal Bemo站	Suci Bemo站 / 鸡肉稀饭王室餐厅Bubur Ayam King

JI. Gianyar

JI. Supratman

JI. Jepun

JI. Wibisana

国立艺术大学
Sekolah Tinggi
SenI Indonesia

艺术中心Art Centre

Kereneng Bemo站

JI. Hayam Wuruk

马爹威扬塔基金会
Made Wianta Foundation

史帝加里指画博物馆
Museum Lukisan Sidik Jari

JI. Kamboja

JI. Gadung

JI. Pelawa

Sungai Kelandis

JI. Kapt Japa

JI. Hayam Wuruk

JI. Nusa Indah

N

图例 ❶旅客服务中心 ◉景点 🚌车站 🅷旅馆 🏛博物馆 🛍商店 ⛩寺庙

景点

市场
Pasar

◈P134A2

⊙位于Jl.Gajah Mada路上

　　两处比邻的市场 Badung 和 Kumbasari，是游客到访率最高的传统市场。Badung 市场的主要客源是当地民众，市场的1楼卖蔬果，2楼卖日常用品，杂乱的货物和热闹的人群是每天早晨都会上演的场景。有别于其他地方妇女们携篮推车逛市场的模样，巴厘岛的妇女们将买好的东西全都顶在头上，个个功夫了得。当然，你也可以花1000～2000印尼盾请人代顶。

　　游客来到这里，自然不是为了买鸡挑菜，地道的手工艺品、蜡染布才是他们的目标。Kumbasari 市场的2楼和3楼有着令人目不暇接的布料和工艺品，在这儿购物绝无导游佣金，想到这一点，就让人忍不住再多买两件。

普普坦广场
Puputan Square

P134B2

位于Jl.Surapati路上，与雅加托纳坦寺相邻

"Puputan"的原意是"奋战至死"，这奋战的对象是19世纪中叶不请自来的荷兰人。荷兰人于1597年初次踏上巴厘岛的土地，随着香料生意的拓展，荷兰人最终以暴力手段入侵巴厘岛。温和的巴厘岛人发起了出乎荷兰人意料的抵抗运动，盘踞在北部的荷兰人，迟至1906年才进入南部。当时的登巴萨是巴厘岛人死守的最后防线，在弹尽粮绝的绝望下，巴顿(Badung)王室的领袖在降与不降间选择了自杀殉国。

绿草地上一对男女和一双儿童的雕像，轻描淡写地传达着对这段历史的怀念。时常有游人在雕像前拍照留念，但除了荷兰人，知道这段历史的外国人恐怕并不多。

雅加托纳坦寺
Pura Jagatnata

P134B2

位于Jl.Surapati路上，与普坦广场相邻

无，采取资源捐助的方式，捐助费包括租用沙笼的费用

这座紧邻巴厘岛博物馆的寺庙，供奉着巴厘岛至高无上的神祇Sanghyang Widi。在当地人心目中，他的地位非比寻常，但这座寺庙的外观却是不露锋芒的低调。

雅加托纳坦寺(Pura Jagatnata)的主神龛以白珊瑚砌成，并装饰了龟蛇，他们是巴厘岛传说中开天辟地的神祇。

这座寺庙自1953年建成以来就香火鼎盛，终年大小祭祀不断，因而常会碰到寺庙午后闭门举行仪式的情况。每逢月圆之日，这里的庆典更是隆重，寺内的各项庆典依循不同年历的算法，若想一开眼界，可向旅游服务中心咨询详细日期。

*登巴萨旅游服务中心(Department of Tourism, Art and Culture Bali Regional Office)

Jl.Raya Puputan Niti Mandala Denpasar

225649

波莫纠丹王宫
Puri Pemecutan

- P134A3
- Jl. Thamrin, No2, Denpasar
- (62—361) 423491
- 9:00～17:00
- 无

巴厘岛南部的建筑风格，以大量红砖和精细的雕刻装饰为特色，其中尤以位于登巴萨的历史悠久的"波莫纠丹王宫"为参观重点。这里距离登巴萨中心约200米，是18世纪以来巴顿王室的主要王宫之一。

1906年，荷兰人兵临城下，具有政治象征意义的波莫纠丹王宫被无情地摧毁，这就是历史上著名的"普普坦仪式"。现立于原处的建筑是时过境迁后重新修建的，令人惊喜的是，王宫增添了旅馆客房，虽是仿古建筑，但电视、电话、空调、卫浴等设施应有既有，双人间约200 000Rp，费用并不算贵。

王宫内院是个三进院落：进门的第一个院子称"贾巴西西"(Jaba Sisi)，是"库尔库尔"信号阁楼所在的地方；中间的院子称"贾巴当安"(Jaba Tengah)，是欢迎贵宾和举行公开仪式的地方，也是旅馆的所在地；最内部的圣所称"杰若安"(Jeroan)，是祈祷祭神的地方。

王宫目前由安纳阿贡(Anak Agung)领导，新国王是Anak Agung Manik Parasaraida Cokorda，Pemecutan XI。波莫纠丹王室在1945年时仍享有政治实权，但今日的王室对巴厘岛政府只保留建议权，不过问政治的王室对文化和艺术有着极大的兴趣，并为岛上的文化艺术产业提供了一定的帮助，这可以从由王子开立的"史帝加里指画博物馆"窥见一二。

普普坦仪式

1906年，这座宫殿在荷兰战役中遭到严重毁损，不但有近2 000岛民被屠杀，巴顿王室成员也选择了集体自杀，历史上称为"普普坦仪式"。

今日在普普坦广场(Taman Puputan)上，可看到一对男女带着两个儿童叱咤战场的纪念铜像，这是为纪念国王及其兄弟而立的。据说其中一个生还的儿童，就是画家葛爹·波莫纠丹(I Gusti Ngurah Gede Pemecutan)的父亲，他是登巴萨波莫纠丹王室设立的"史帝加里博物馆"的馆长。

史帝加里指画博物馆
Museum Lukisan Sidik Jari

🔺P135D3

📍Jalan Hayam Wumk175，Tanjung Bungkak，Denpasar

☎(62-361)235115

🕐9：00～18：00（遇假日休馆）

💲自由乐捐

　　王子画家鲁拉·葛爹·波莫纠丹(Ngr.Gede Pemecutan)可能从来没有想过，自己创立了一个全世界独一无二的"Sidik Jari博物馆"(Museum Lukisan Sidik Jari)。Sidik的意思是"点"，Jari的意思是"指头"，这座博物馆就是"指画博物馆"。

　　拥有王室血统的鲁拉，其先祖曾经在荷兰入侵之际执行"普普坦仪式"自杀，结果只有两个儿童幸存下来，其中一个是巴顿王朝的国王，也就是鲁拉的叔叔，另一位则是他的亲生父亲。

　　鲁拉从小就被送到王宫(Grenceng

《巴厘岛战士》Baris
1960
作者：Ngr．Gede
Pemecutan（1936～）

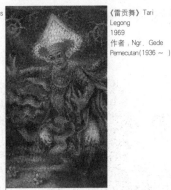
《雷贡舞》Tari
Legong
1969
作者：Ngr．Gede
Pemecutan（1936～）

Palace）向皮影大师 Anak Agung Putra Gede 学习绘画，奠定了良好的艺术基础；1954年，他受到乌布"比塔玛哈艺术协会"（Pitamamha）的影响，开始致力于绘画创作，之后在 Wayan Kaye 和 Dr.Moerdoyo 等知名艺术家画风的引导下找到了自己的风格，成为岛上著名的"印象派"画家。

1967年，他无意中发现了指画的技巧——以手当笔在画布上涂抹，看似失败的笔触，却呈现出一种不同于以往的绘画风格。指画艺术独树一

帜，而当时这件意外产生的名为《巴厘岛战士》（Tari Baris）的指画作品，至今仍保存在博物馆内。

指画所产生的效果和传统的绘画大不相同，不但有着"普普艺术"的摩登，还充满了一种耐人寻味的自然情调。

在 Sidik Jari 博物馆可以看到鲁拉画作的演进过程，在欣赏这些作品时，建议和画作保持一定的距离，以便更好地感受画中颜色与指画笔触的力量。

巴厘岛博物馆
Museum Bali

🔺 P134B3

🏠 位于 JI．Surapati 路上，与普普坦广场相邻

🕐 周日、周二、周三、周四 8：00～15：45，周五 8：00～14：45，周六 8：00～15：00，周一及国定假日休馆

💲 成年人750Rp．、儿童250Rp．

这座省立博物馆的前身，是荷兰人于1910年建造的主管巴厘岛工艺品出口贸易机构的办公地。这项生意只进行了7年，整幢建筑就被地震夷平，直到30年代初，艺术家

Walter Spies 才使之再度复活。

这座博物馆仅是看建筑就值回票价，撷取王宫之美是其值得骄傲的特色。这里的亭阁模仿不同的宫殿而建，风格各异却又和谐融洽。馆内丰富的藏品各安其所。靠近入口的主厅内藏有史前古物及巴厘岛传统工艺品，千万年前的青铜工具和巴厘岛的蟋蟀笼共处一室，相映成趣。仿 Tabanan 宫的北厅罗列着各种舞蹈面具及服饰，仿 Karangasem 宫的中堂则有与宗教祭祀相关的器物展出，仿 Buleleng 宫的南厅藏着巴厘岛著名的织品。立于前庭的鼓楼向游人开放，楼顶视野不错，但请务必小心攀登。

海神庙
Tanah Lot

🅟 P45C3

🏠 海神庙位于巴厘岛西南部，登巴萨的Ubung站有车发往海神庙，车程约25分钟

💲 成年人3 100Rp.，儿童1 600 Rp.

提到海神庙，人们就不免联想起高僧Nirartha，相传他行经此地时，发现这里灵气汇集，是一处难得的圣地，便建议当地居民在此修建了这座庙。

至于海神庙的名称，则来自一个古老的民间传说：据说海神庙底座的海蚀洞里，曾经出现过几条黑白分明、类似雨伞节的海蛇，当地人认为这是保护庙宇及人民的海神的化身，自此，人们便称这座终日香火缭绕的庙为海神庙了。

虽然海神庙意义非凡，不过一般游客来到这里，欣赏寺庙建筑之美倒是其次，更重要的是欣赏黄昏时分的夕照美景。

在天气晴朗的日子里，每逢日落时，海神庙总会挤满了来此欣赏美景的游客。而脑筋动得快的村民，则早在海神庙对岸观赏日落的最佳地点，摆起了一个个露天小吃摊，让游客可以边喝饮料边等日落。由于游客众多，想要从容欣赏美景的话，最好早点来，并挑选一个景观较好的位子。

海神庙日落之所以能独步巴厘岛，是由在无垠的印度洋边，海神庙以傲然独立的姿态屹立一方。每当晚霞的余晖照耀在波光粼粼的海面上时，海神庙的剪影便在夕阳的映衬下显得愈发雄伟，此情此景，如何能不令人心动？

购物

沙崔利亚艺术之家
Satrya Art House

- P134B1
- Geria Satriya Jalan Veteran 69
- (62—361)226824
- 9:00~17:00（请先预约）

　　这是知名木雕家 Ida Bgus Alit 的工作室，位于乌市及沙崔利亚

王宫对面，地点很好找。这位受到 Walter Spies 绘画风格影响的艺术家的院子里摆有不少木雕作品，供参观者欣赏、购买。这些艺术品每件约 60 美元起，如果预算有限，则可以买些最受欢迎的木雕瓶塞，当作小礼物赠送给朋友。每周日早上，会有儿童在此学习跳舞和绘画。

美食

鸡肉稀饭王室餐厅
Bubur Ayam King

- P134A3
- Jl.Teuku Umar No.121 Denpasar
- (62—361)221454
- (62—361)221492
- 8:00~22:00
- 人均 7 000~12 000 Rp.

　　"Bubur Ayam" 是 "鸡肉粥" 的意思。这间绘画艺术餐厅是由华人画家 Mr.D.Tjandra Kirana 所开设的，他的作品目前被收藏在乌布

的班布艺廊（Bamboo Gallery），是极为昂贵的艺术画作。由于餐厅深具艺术气息，很多艺术界人士都是这里的常客。

SPA

美丽殿度假旅馆
Nirwana Spa at Le Meridien

🚹 P45C3

🏠 Le Meridien Nirwana Golf &
Spa Resort, P.O.Box 158
Tanah Lot, Kediri

☎ (62-361)815900

🖨 (62-361)815901

🕘 9:00~22:00

🌐 www.starwoodhotels.com

位于海神庙附近海边的美丽殿，其夕阳美景被公认为全岛之冠。庭园里高大的椰子树与传统建筑构筑出浪漫的热带风情，5座半开放式的Spa凉亭，是为了能让人在海边享受Spa而特设的。

这里最特别的，莫过于来自欧洲的专业海洋疗法。这项疗法是利用海水、海藻中的有效物质容易被肌肤吸收的特性，来加快人体内毒素的代谢，从而使肌肤焕然一新。

除了以重金打造的海洋疗程外，Nirwana Spa还提供传统的仪式治疗系列(Ritual Treatments)。这些疗程是昔日巴厘岛居民用来治疗感冒等病症的传统疗法。例如清洁效果极佳的"Nyuh Grading Seed"就是从前的宗教仪式之一，其内容是利用青椰子和郁金子研磨成的粉末去角质，并以萝卜泥、海藻和莱姆汁混合而成的敷料护肤——这些敷料可提供大量的维生素和矿物质；洗完澡后再进行45分钟的巴厘岛式按摩。

Rempah-Rempah是传统仪式治疗里的套装疗程：先以巴厘岛式的按摩手法按摩全身，接着以混合香料去角质，并以茉莉花水泼洒全身。接着在由20多种草药调成的温水里入浴，并将全身裹敷于Boreh药草里——这个步骤特别有助于排毒及去除体味。

推荐SPA

疗程名称	价格（印尼顿）	疗程时间（分钟）
巴厘岛式按摩(Balinese Massage)	240 000	45
减压按摩(Tension Relief)	200 000	30
海洋疗程(Bubble Bath)	200 000	25
海洋疗程(Rainshower Massage)	240 000	30
海洋疗程(Pressotherapy)	176 000	30
海藻套装疗程(Aromatic Sea Weed)	400 000	120
套装疗程(Rempah-Rempah Ritual)	700 000	150

H 住宿

Golf Villa Nirvana

- P45C3
- 海神庙附近，距离库塔约1小时车程
- (62–361) 703060
- 440～550美元
- www.balivillas.com
- info@balivillas.com

这栋Villa不是私人别墅，而是隶属于美丽殿度假饭店 (Le Meridian Nirvana Resort & Spa) 的别墅区。它位于滨海的区域，由两栋2层楼的建筑组成，前面一栋是客厅、厨房和车库，建筑内部以木头地板、镂空花雕的装饰和地毯营造出一股闲适温暖的风格。

后面一栋紧靠大海，拥有较为私密的卧室和令人陶醉的好视野。从前栋到后栋必须经过一座美丽的水仙池，仿佛跨入到另一个美丽的空间。2层的露台更是令人眼前一亮——这里可远眺浪涛汹涌的大海，紧临大海的就是高尔夫球场和绿茵，还有比这更美的画面吗？而别墅附近就是以夕照美景而闻名全岛的海神庙，所以来到这里最不能错过的事就是伴着夕阳享用一顿烛光晚餐，这可是到海神庙去赏夕阳的人们所无法体会到的呢！夜晚，在浪漫温馨的房间里伴着涛声入眠，更是种难以形容的幸福。

中部
Central Art Tour
艺术之旅

中部艺术之旅

Central Art Tour

由登巴萨往北到乌布的路上，会经过一些颇具艺术气息的小村庄：第一站就是巴土布兰，建议一大早就到巴土布兰欣赏巴龙舞，再慢慢品味石雕和蜡染的美丽。接着可前往哲鲁，这里是几个世纪以来王公贵族们量身打造银器的地方。从哲鲁往北便到了著名的木雕重镇马斯。在路边，一个个木雕工作室一字排开，里面陈列着造型古朴可爱的小动物木雕和面具，甚至还有大型的海豚、长项鹿等木雕，价格则依木料材质的不同差异很大。小小的基阿量村也值得您稍作停留——这里可是欣赏巴厘岛传统 Endek 纺织品之美的绝好地点。

巴土布兰
Batubulan

▲ P45C3

🚌 登巴萨的Batubulan站有车发往巴土布兰，车程约20分钟

"巴土"在当地语言中是"石头"的意思，而"布兰"则为"月亮"，所以巴土布兰其实是个很具诗意的名字——"石月村"。从这个名字中不难想象，自古以来，这里便以石雕而闻名，巴厘岛的庙宇、王宫或是私人房舍中的各种栩栩如生的神像等雕刻作品，几乎都是来自巴土布兰。来到巴土布兰，千万不要错过参观石雕工厂，在那里，可以欣赏到石雕师傅以熟稔的刀法创作出惟妙惟肖的石雕作品的过程。

石雕和蜡染

据师傅说，巴土布兰的石材皆取自于火山岩，因为火山岩的质地很适合雕刻。一般说来，巴土布兰的石雕作品多以印度教及佛教中的神像及传说为题材，如释迦牟尼、湿婆神、神鸟嘎鲁达及青面獠牙的恶魔等。这里威严肃穆的石雕作品普遍较大，由于石雕过重，搬运困难，很少有游客购买。

近年来，为了迎合应越来越多的游客及海外订单的需求，巴土布兰的石雕师傅们已逐步开始从事小件雕刻品的制作，而雕刻的内容也从神像扩展到动物等较平易近人的题材。为了能让石雕作品看起来沧桑古朴，雕完后的成品还必须放在室外接受日晒雨淋，直到爬满青苔，看起来像是已经在此地屹立了百年的样子为止。

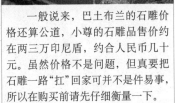

一般说来，巴土布兰的石雕价格还算公道，小尊的石雕品售价约在两三万印尼盾，约合人民币几十元。虽然价格不是问题，但真要把石雕一路"扛"回家可并不是件易事，所以在购买前请先仔细衡量一下。

除了石雕之外，巴土布兰的蜡染布也相当精彩，蜡染与石雕并列为当地的重要手工艺。巴厘岛的蜡染布素来远近闻名，而且与其他的传统织布相比，蜡染产品的价格明显便宜许多，人民币百元左右就可以买到相当不错的蜡染布了。

巴龙舞

乌布每晚都有不同的传统舞蹈表演，不过，要欣赏白天表演的舞蹈，非得到巴土布兰来不可。

这里表演的剧码是最受欢迎的巴龙舞，每天早上9:30都会有场精彩的演出，若仔细观赏，你将会发

现白天和晚上表演的巴龙舞会略有不同：晚上的表演着重于声光效果，而白天的表演则以表情和肢体动作取胜。如果时间允许，不妨安排欣赏早、晚两场气氛相异的巴龙舞，以观赏到两种不同风格的精湛表演。

哲鲁
Celuk

🔺P45C3

🚌登巴萨的Batubulan站有车发往哲鲁，车程约25分钟

哲鲁人的祖先原本以打铁为生，而后才渐渐转变为金银工匠，专门从事金银手工艺事业。如今，哲鲁有成百上千的金银工匠，村里每个人所从事的工作几乎都和金银有关。在哲鲁唯一的大道上，绵延2公里的道路两旁都是大型的金银饰品店。每家店内都可见到许多手工艺者现场制作首饰。从制作过程中你会发现，金银饰品需要极为细腻精湛的功力，从制模、雕刻到抛光，每一步骤都得小心翼翼，不容稍有疏失，每项金银饰品的制作都像是一场完美的演出。

据了解，哲鲁的金银原料多来自于爪哇、加里曼丹、苏拉威西及苏门答腊等地。虽然哲鲁素为金银之村，不过，在这里买金银饰品并不比其他观光地区如库塔或乌布便宜，虽然可以杀价，但最多只能杀个两三成。如真想买到价廉物美的金银饰品，建议你不妨前往哲鲁的小巷子里寻宝，那里面有许多家庭式的小工厂，虽然样式比较少，且多为半成品，不过如果挑上了喜欢的样式，请拿出你的杀价本领，必会拿到令人惊喜的低价。

基阿量
Gianyar

🚩P45C3

🚌登巴萨的Batubulan站有车发往
基阿量，车程约40分钟

　　基阿量是制作 Endek 布的工艺
重镇，巴厘岛的传统编织分为很多
种，基阿量以单面伊卡 (Ikat)Endek
这种特有的编织法而闻名，这种先
将纬线染色后再编制的布匹，制作
过程相当复杂。从染色到纺织完工，
大约需要两个礼拜，且全部采用人
工作业，价格自是不菲。Endek 主
要被用做当地传统服饰中的腰布。

　　基阿量有许多小型织布厂对外
开放，可供游客参观。在这里，游
客可以了解到 Endek 的制作过程。
第一步为纺线，之后人们将纺好的

棉线依图案需要在特定位置绑上塑
胶绳，这样在第一次染底色时这些
部分就不会被渲染，染完后解开部
分塑胶绳并再度上色，以达到混色

的效果。如此反复数次后，将染好的线卷成线轴，便可以开始织布了。伊卡的制作中最困难的地方就在于，纺线染色前就必须把整块布面的图案和颜色构思清楚，一旦开始染色，便无法再变动颜色或图案了。

Endek 布料图案抽象，颜色亮丽。和其他的手织布相比，Endek 的价格可谓是"高人一等"，平均 1 尺布料的价格为 30 000～100 000 Rp.，且多以美元标价，也没有议价空间，这是由 Endek 布制作过程的困难及费时而决定的。除了成品之外，当地工厂还接受客人的定做订单，其品质及样式绝对会令你满意。

飘香万里烤乳猪

在参观完 Endek 布料的复杂制作过程之后，先别急着离开，不妨到当地的传统市场里转转。市场里漫溢着一股别处所没有的香味，所谓"一家烤肉万家香"，顺着香味走去，原来是一处处烤乳猪的摊子。外皮香脆金黄、肉质滑嫩多汁的烤乳猪，真是人间美味，摊位前每天都挤满了人。几片猪肉、几样小菜，加上一碗饭只需 8 000Rp.，约 10 元人民币，相当划算。来到基阿量，千万记得赶在中午收市之前，到市场里享用一份美味的烤乳猪。

马斯
Mas

🔺P45C3

🚗登巴萨的Batubulan站有车发往马斯，车程约35分钟

离乌布不远的马斯为巴厘岛的木雕重镇，小小的村子充满着艺术气息，无论大街小巷，不管清晨黄昏，总是听得到那充满节律的敲打声。

直到20世纪30年代前，马斯的木雕还停留在庙宇装饰、舞蹈面具及乐器上，后来慢慢开始向神话人物及动物等题材发展。如今因旅游业的发展，马斯的木雕受到越来越多的游客及外国商人的喜爱，木雕生意也渐渐成了村民们最主要的收入来源。

马斯有许多木雕商店及艺廊，为了招揽生意，每家店都开放工作室供游客参观，游客可通过观摩木雕师傅的工作来了解木雕的创作过程。据了解，这里的木雕材料多半是就地取材，而较珍贵的檀香及黑檀木则来自Kupang岛。雕成的作品体积差距很大，小至巴掌大，大至2米高的都有，价格则从上百到数千美元不等。可别以为越大型的雕刻作品价格越贵，事实上，木雕材料中以稀有且具有深沉香气的黑檀木最为珍贵，通常要由经验丰富的雕刻师傅精雕细琢成小件作品，价格往往在1 000美元以上。

SPA

Jamu—Jamu Spa
at Bagus Jati Resort

P45C2

POBox 04 Ubud, Banjar Jati
Desa Sebatu,Kec.
Tegalalang, Gianyar

(62—361)978885

(62—361)974666

www.bagusjati.com

spa@bagusjati.com

这家附设于 Bagus Jati Villa 的 Spa 于 2002 年 8 月开业。Jamu—Jamu Spa 的位置稍微有点偏远，车子由乌布出发，必须经过一段蜿蜒的山路，然后就会发现令人惊艳的 Bagus Jati Resort，这座爪哇风格的建筑，秀丽地屹立于山间。

这里的材料都以新鲜天然的植物制成，没有任何化学药物成分，特别推荐"放松与呵护系列"里的

脸部保养疗程(Tropical Facial)。这一疗程是遵循古法，将热带花朵、水果和香料等材料混合，并依客人肤质的不同而加以调整。果酸疗程(Fruit Acid Peel and Oxygenation Facials)则有减少皱纹，让肌肤重新绽放年轻的光泽的神奇功效，所用的果酸提炼自新鲜的有机水果，而非化学合成。蜂蜜全身护肤也是不错的选择，从前蜂蜜是用来治疗伤口、淡化伤疤、促进皮肤生长的良药，被 100% 的蜂蜜敷裹全身，再加上轻柔的按摩，真是种甜腻的幸福。

印度式的 Ayurveda 则是巴厘岛比较少见的疗程。这种来自印度的自然疗法认为，人体就是小宇宙，由三种力量(doshas)所主

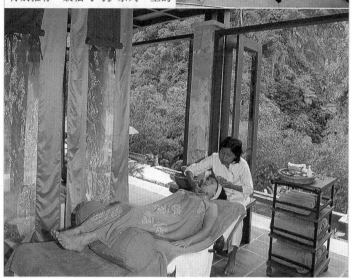

宰。人体治疗的目的就是让人体的这三种力量达到平衡与和谐，现在Ayurveda已被世界卫生组织认可为有效的治疗方式。Jamu-Jamu Spa所使用的技法包括Pizhichil、Shirodhara、Udgarshana、Pinda Sweda、Lepas、Navarakizhi等。Pizhichil是将加热的药油滴在身上并按摩，据说有抗老化、促进身体柔软度、增强神经和循环系统等作用。Shirodhara则是以温热的精油不断冲洗前额，据说这样可打开"第三眼"——也就是人的精力中心，除可增进肌体免疫力外，还有益于头、颈部的健康。

推荐SPA

疗程名称	价格（印尼盾）	疗程时间（分钟）
脸部疗程（Tropical Facial）	492 000	60
巴厘岛式按摩（Balinese Massage）	412 000	60
阿育吠陀（Ayurveda）	492 000～812 000	60～90

H 住宿

Ayung River Villa

🔺 P45C3

🏠 位于登巴萨和乌布之间，距离
机场约40分钟车程

☎ (62-361) 703060

🔽 390~488美元

🌐 www.balivillas.com

　　这栋别墅位于爱咏河畔的山林
间，山间湿润清爽的空气，使得此
地气温比别处稍低。山谷里潺潺的
流水声，比起声势磅礴的大海，更
有一份静谧之美。

　　别墅的主人是位深爱亚洲文化的美国人，因此这栋别墅从外观看起来
犹如美式豪宅，而内部的空间设计却又处处充满东方情趣。这栋三层楼高
的建筑沿爱咏河边的山坡而建，有种与大自然融为一体的感觉。将主卧或
两间套房的门窗和竹帘全部打开，跳动的阳光便洒落室内，倚在美人靠上
静静聆赏山林所演奏的交响乐，真是种无与伦比的享受。

　　往下一层，靠近游泳池处还有一个套房，这是别墅中景观最佳的房间。
大红色的双人床和竹帘营造出中东式的浪漫，精致的浴室带给你另一种惊
艳。附属的游泳池畔有个巴厘岛式的发呆亭，供人在此聊天休憩。

历史之旅

东部历史之旅

Eastern History Tour

这趟旅程由乌布附近的象窟开始，这处深具历史的古迹虽叫"象窟"，但却没有大象。克隆孔则拥有古代王朝的遗迹，古法院的屋顶绘有十八层地狱的壁画，生动细腻的画作时刻在提醒着人们要多积善缘。高阿拉瓦寺蝙蝠洞内的崖壁上有成千上万的蝙蝠，是当地人心目中的圣地。民风古朴而保守的顿甘纳，村规比国法更具束缚力，当地人也因此能令人赞叹的传统手工艺品制作技艺世代传承，其中最著名的便是制作棕榈画和双面伊卡的技术。凯亨寺则是巴厘岛规模最大的两座寺庙之一，千万不可错过。

景点

象窟
Goa Gajah

- P45C3
- 象窟位于Bedulu村，距乌布不远
- 从登巴萨的Batubulan站有车发往象窟，车程约40分钟
- 8:00～17:30
- 成年人3 100Rp.、儿童1 600Rp.

1923年由荷兰考古学家发现的象窟，可以算是巴厘岛最古老的遗迹之一。象窟的历史可以追溯到11世纪。巴厘岛本无象，关于象窟名字的由来自古众说纷纭。有一说是这里因昔日有"象河"之称的Sungai Petanu而得名，还有人认为这里因入口处守门的恶魔状似象头而得名。

与人们对象窟名字从何而来的争执不同，学者们普遍均认为这里曾经是昔日佛教高僧的修行之地。如今，遗址区内还有一大片佛教遗迹，只可惜迟迟没有得到修缮，至今仍是一堆残垣瓦砾。

目前出土的象窟遗址大致可分为象窟本身、圣泉池及佛教建筑遗迹3大部分。圣泉池中立有6尊手持水瓶的女子雕像。遗憾的是，近年来圣泉水几近干涸，几乎已没有泉水涌出。

最有看头的是沿着山壁凿出来的洞窟。洞口外立有张牙舞爪的卡拉雕像，洞内则一片漆黑，要靠微弱的灯光及烛光照明。洞的规模不大，呈丁字形，左边供奉着Ganesh神，右边则供奉着印度教的三位一体神，每天都有许多人来此膜拜，洞内终日香火不断。

昆纳沙博物馆
Gunarsa Museum

P45C3

🏠 Jl.Pertigaan Banda No.1
  Takmung,Banjarangkan,
  Klungkung—Bali

☎ (62-361) 22255

📠 (62-361) 22257

🕐 周二～周日9:00～17:00

💲 20 000 Rp.

🌐 www.gunarsa.com

景点

　昆纳沙博物馆位于班达村庄靠近克隆孔的地区，是巴厘岛著名艺术家昆纳沙（Nyoman Gunarsa）的画廊。在2层楼的博物馆内，展出着昆纳沙的古老收藏品与当代画作，这里还收藏有很多东西方书籍。昆纳沙影响了许多当代艺术家，如来自印尼的约翰·哈迪，和距离博物馆不远处的、吉安雅土立库村庄的年轻艺术家Ida Bagus Krian等。

克隆孔
Klungkung

P45C3

登巴萨的Batubulan站有车发往克隆孔

进入古法院每人2 000Rp.

位于巴厘岛东部交通要冲的克隆孔,其历史可以从14世纪末说起。当时 Majapahit 王朝当政,一些不满执政者的人便在克隆孔南方自立 Gelgel 王朝。17世纪时,Gelgel 王朝的政治中心移至克隆孔现址,并设立了法院。1908年荷兰军队兵临城下,Gelgel 王朝虽奋起反抗,但终因不敌对方的船坚炮利而退出了无情的历史洪流。

Gelgel 王朝在克隆孔残留的遗址包括古法院 Kertha Gosa 及 Bale Kambang 宫,这两处遗迹都相当完整。Kertha Gosa 法院是当时的最高法院,其建筑充分展现了传统克隆孔式风格。在开放式的大厅中央对称地摆放着两组共6张椅子——当年荷兰人与当地法官就共同坐在这里审问犯人。Kertha Gosa 法院最令人惊艳的要数呈金字塔形的屋顶。另外,这里的天花板上绘满了传统壁画,这些壁画共分为4层,而且颇具深意:最底层代表地狱,第二层则是人间,第三层代表仙界,而最上层则属于至高无上的天神。

如果你仔细观察,就会发现这些画作不仅笔法细腻,而且还相当有趣。如最下层代表地狱的画作,所讲述的故事宛若是印度教版的"目莲救母"——主人公毕玛(Bima)的

景点

父母死后被打入了十八层地狱，孝顺的毕玛为救父母，便自愿来到地狱。在寻找父母的过程中，毕玛亲眼目睹了地狱种种酷刑，回到人间之后，他的"地狱之旅见闻"广为流传，有人便把这些见闻绘成了图画，以生动的绘画来警示后世人切莫为非作歹，以免往生后在地狱中被处以酷刑。

位于古法院旁的 Bale Kambang 宫有着一股凛不可犯的威仪。四面环水的建筑设计使得 Bale Kambang 宫宛若一座水上宫殿。宫殿的四周雕有形态各异的雕像，内部为开放式厅院，厅院的天花板上绘有各式图案：最底层是当地传统的星象月历图，第二层描述着古老的传说，最上层则是 Sutasona 的英雄事迹。

顿甘纳
Tenganan

🔺P45D3

📍登巴萨的Batubulan站有车发往顿甘纳

💲入村费每人5 000Rp.

　　顿甘纳是巴厘岛少数几个土著村之一，这里所说的"土著"倒不是土生土长的部族，而是15世纪因Majapahit王朝的瓦解而避难到巴厘岛的移民。使顿甘纳文明远播的倒不是这一段历史，而是这里至今保留的传统生活形态。

　　偏居东部一隅的顿甘纳，说大不大，一圈儿砖墙就砌出了全村的范围；可说小也不小，围墙内两排屋舍沿缓坡而建，里面足足住了102户人家。这里的居民多从事传统工艺品的制作，因此有些不明就里的游客就把这儿错当成了手工艺村，还称之为"文化村"，殊不知这是个全然拒绝外来文化的村落。表面上看来顿甘纳广开大门、迎宾纳财，而实际上这里却有着许多严格的规矩，不准外人越雷池一步。曾经有个导游因疏忽在傍晚6点闭村之后逾矩入村，结果被抓到村庙前罚跪终宵。或许你会问：这种私刑合法吗？在顿甘纳，村规比国法更具威信。

　　顿甘纳由已婚男子组成牢不可破的自治组织，成员依婚龄长短分为6个等级，每一等级各司不同职务，有些人负责制订生活规范，有人负责祭祀事项，一切都是条理分明、井然有序的。

　　顿甘纳的封闭在客观上使许多都令游客"不敢越雷池一步"。

高阿拉瓦寺
Pura Goa Lawah

🔺P45D3

📍登巴萨的Batubulan站有车发往高阿拉瓦

🕐8:00～17:00

💲成年人1 000Rp. 儿童500Rp.

　　高阿拉瓦寺(Goa Lawah)是著名的蝙蝠洞，这座深邃的黑洞开在悬崖上，走进洞中抬头一望，便可看到洞内崖壁上吊满了成千上万的蝙蝠，其拥挤的景象及浓郁的恶臭不过当地人却对这些熟视无睹，对他们而言，这座不起眼的小寺庙有着无可比拟的地位。尽管洞口的圣坛已被蝙蝠的粪便所覆盖，但仍无损这里在当地人心目中的地位，每天都有不少虔诚的民众来此祭拜祈福，那些叽叽作响、肆无忌惮地飞来飞去的蝙蝠丝毫不会影响他们的虔诚。

　　传说，这座蝙蝠洞可以直通布沙基寺，不过由于洞内暗不透光，

传统文化的保留成为可能，比如游客最感兴趣的棕榈画及双面伊卡织布（Geringsing）就是其中的两项。

棕榈画这项古老的技艺是以尖刀在基质上仔细刺出图案，而后以火山豆涂抹上色，让深棕色彩渗入图案，相当耐看。传奇的双面伊卡布织则是先以天然植物将原料染色，而后再运用经纬线的组合织出复杂的图案来，因费工费时，价格动辄高达 50 万～ 200 万印尼盾，有些家庭祖传的织品甚至能卖到上亿印尼盾的天价。而这些传统技艺，正是因为顿甘纳人的执著而得以代代相传。

且全被蝙蝠所"霸占"，加上当地人相信洞内住着传说中的巨蛇 Naga Basuki，所以至今都没有人敢走上一遭以证实传说的真伪。

由于当地人对高阿拉瓦寺怀抱崇敬之心，而且蝙蝠洞的位置临海，所以每当人们为逝者进行火葬仪式，并到海边挥洒骨灰送别死者后，亲朋好友们最后便会来到蝙蝠洞祭拜，至此，漫长的告别式才算是正式落幕。所以说，蝙蝠洞对当地人来说有着不可替代的重要意义。

凯亨寺
Pura Kehen

🔺 P45C2

🏠 凯亨寺位于邦格力村

🚌 登巴萨的Batubulan站有车发往
邦格力，车程约50分钟

💲 每人3 100Rp.

凯亨寺位于巴厘岛中部靠东部
的邦格力，这里曾是邦格力王朝首
府的所在地。凯亨寺的历史可推至
公元9世纪。从石阶拾级而上，可
以细细欣赏每层阶梯上神态各异的
雕刻，这些雕刻中的主角或是青面
獠牙，或是仪态威严，营造出一种
神秘的氛围。

登上阶梯之后，便正式进入凯
亨寺内。入庙后，首先映入眼帘的
是一大片广场，这里属于家庙区，
一旁盘踞着一棵高耸入云的巨榕神
木，约有600年以上历史，很受当
地人崇敬。再往上走，便进入到最
神圣的村庙，这里有高达11层的圣
坛(Meru)，昭示着凯亨寺的非凡地
位，而外围的墙壁上则嵌满了中国
瓷器，可惜原始的古瓷盘已遭破坏
或偷盗，现今所见的瓷盘都是后来
补上的。

H 住宿

Kubu Bali Hotel
🔺 P45D3
🏠 Candidasa，Karangasem，Bali
☎ (62－363)41532、41256
🌐 wwww.kububali.com

Candi Beach Cottage
🔺 P45D3
🏠 Sengkidu，Candidasa，Karangasem
☎ (62－363)41234
💲 饭店型110美元起，木屋型130
美元，网络订房另有优惠
🌐 www.candibeachbali.com

Alila Manggis
🔺 P45D3
🏠 Desa Buitan，Manggis Kar-
angasem，Bali
☎ (62－363)41011
💲 每晚200～220美元起，滨海套
房350美元，网络订房另有优惠
🌐 www.alilahotels.com/manggis

Puri Bagus Candidasa
🔺 P45D3
🏠 Jl.Raya Candidasa，Desa Samuh
☎ (62－363)41131
💲 每晚115～160美元，网络订房另
有优惠
🌐 candidasa.puribagus.net

Sacred Mountain Sanctuary
🔺 P45D3
🏠 Banjar Budamanis，Sidemen
80864，Karangasem，Bali
☎ (62－366)24330
💲 依不同房型每晚80～130美元起
🌐 archipelhomes.com/sacred

如果不懂这里的历史典故也不要紧，因为庙中有位操着流利英语的老人会详细地为你解说，老人的解说相当清楚，而且仅需1美元，所以请别吝啬多给老人家一点小费。

北部
自然之旅

Northern Nature Tour

北部自然之旅

Northern Nature Tour

想体验原汁原味的巴厘岛生活的游客，建议走这条路线。这里有巴厘岛上规模最大的庙——布沙基母庙和当地善男信女求治百病的去处——圣泉寺，还有吐着烟圈、一副一触即发样子的巴杜山火山。沿着路线往北便可到达罗威那，建议在此住宿一晚，隔天早起出海观赏日出及海豚。

景点

圣泉寺
Pura Tirta Empul

🔘 P45C2

📍 位于中北部的坦帕西林
(Tampaksiring)

🚌 登巴萨的Batubulan站有车发
往坦帕西林，车程约1小时

💲 每人3 100Rp.

圣泉寺几乎是每个游客的必到之处，其历史最早可追溯到公元962年。关于圣泉寺有一段传说：相传有位法力高强的巫师，利用巫术当上国王，同时强娶一位美女为妻。面对国王的倒行逆施和巫术，苦不堪言的村民们别无他法，只能祷告，祈求上天的帮助，于是天神派下战神因陀罗(Indra)下凡帮助村民。在巫师和战神的斗法中，巫师竟利用法术在泉水中施毒，使不知情的村民因喝了泉水而中毒倒地。因陀罗见状，便用长戟刺穿地面，于是地底冒出的清澈泉水替村民解了毒。

邪不压正的道理古今中外皆然，战神自然打败了巫师，村民从此过着幸福快乐的日子。而这些不断从地底冒出的泉水，也就是今日所见的圣泉，后来人们在这里建了圣泉寺供奉因陀罗神。

据说，这里的圣泉不仅永保清澈，还具有一定的疗效，而且不同出水口的圣水疗效也不同。每天，圣泉都吸引着来自各地的善男信女前来膜拜、沐浴。

布沙基寺
Pura Besakih

🚶 P45D2

🚌 登巴萨的Batubulan站有车发往布沙基

🕐 8:00～18:00

💲 每人3 100Rp.，需另交入村费100Rp.、停车费200Rp.

❗ 布沙基寺的沙笼租金高达5 000Rp.，比门票费还贵，请记得穿长裙、长裤或自备沙笼前往

布沙基寺是巴厘岛上最大、也是最古老的寺院，据历史学家考证，布沙基寺至少已有2 000年的悠久历史，堪称巴厘岛万庙之源，这里也因而赢得了"母庙"的尊称。以往这里曾是僧侣们冥思修身之地，后来逐渐变成祭祀湿婆神的印度教圣地，也是历代王朝重要的祭祀地点。

如今，布沙基寺是巴厘岛人心目中最神圣的殿堂，每天都有络绎不绝的信徒来此朝圣祭拜，而这里举行的祭典之多，也为巴厘岛之冠。根据巴厘岛的萨卡历计算，每年的210天中这里共举行55次大型祭典，至于小型祭典更是不计其数，盛大的景况可想而知。

其中最重要的祭典是Eka Dasa Rudra，每100年才举行一次（根据萨卡历，若根据公元历法则需115年）。上次祭典本计划于1963年举行，却因阿贡火山喷发而被迫取消，有2 000多人因此而丧生。但令人称奇的是布沙基寺在这次火山喷发中完全没有受损，而祭典也在1979年得以重新举办。

其实布沙基寺是由众多的寺庙群所组成的，大大小小的建筑加起来超过200座，其中最主要的有3座：Pura Penataran Agung、Pura Kiduling Kreteg，以及Pura Batu Madeg，其中又以Pura Penataran Agung最为重要，这里供奉着印度教的三大主神：毗湿奴、婆罗门和湿婆。

既然是母庙，自然少不得规矩。依传统，外人不得进入主庙，只能在主庙四周的矮墙外观看及拍照游客们应懂得自我约束及尊重当地的传统。此外，近年来当地人与游客间因费用产生争执的事件也时有发生。

布沙基寺不仅有着壮观的宗教建筑，而且因位于阿贡火山的山腰而拥有极佳的视野，天气晴朗的清晨还可远眺阿贡山。不过，因这里

海拔比较高，经常起雾飘雨，所以最好备妥薄外套及雨具。

从收票处到寺前，约有 1 公里左右的斜坡步道，道两旁则是工艺品小店。你可以选择安步当车慢慢逛上去，也可搭摩托车，司机一般开价 5 000Rp.，可杀价至 2 000Rp. 左右。

173

巴杜山&巴杜湖
Mout Batur&Lake Batur

🗺 P45C1

🚌 登巴萨的Butubulan站有车发往巴杜山

阿贡山遥不可及的身份地位，使巴杜山成为大众冒险犯难的唯一选择。说是冒险并不夸张，从1924年到1994年，巴杜山接连爆发了20多次，其中1917年、1926年和1963年的3次大发雷霆将方圆百里夷为平地，并形成了巴杜山如今的双层火山口。从金塔马尼(Kintamani)下来，大老远就可以望见吐着烟圈的巴杜山，这副一触即发的姿态，吸引了无数火山迷前来一探究竟。

你可以选择在当地的小旅馆住上一夜，隔天清晨跟着导游踏着硫黄味的山路登山。在2个多小时的途中可以欣赏巴杜山日出，还可以以地热蒸煮鸡蛋作为早餐——味道虽不理想，但至今令人难忘。

风景秀丽的巴杜湖是巴里岛的第一大湖，它依偎在巴杜山的身旁，云雾轻绕，曼妙多姿，传说中这美丽的湖泊是女神休息的地方。你可以在湖边漫步，还可以选择在较高处的 望台上从远处欣赏这仙境般的湖光山色。要注意的是，这套行程包含住宿费一般是30美元，但被收取两倍的费用并不是新闻，所以还是小心为好。

特鲁扬村
Truyan

🗺 P45D2

🚗 从巴杜湖环山道上的Penelokan循着陡坡直下，尽头就是船影密布的Kedisan码头，前往特鲁扬村要在这里搭船

💲 设在一旁角落里的售票亭贴有公定的费用表，表上详细列有搭船费、码头导游费、特鲁扬村导游费、码头建设捐献费、特鲁扬村建设捐献费、码头开发费、码头门票等费用，每人缴纳的总金额依同行人数多寡而不同

特鲁扬和东部的顿甘纳一样，同属巴厘岛的土著村，但两者风情迥然不同，顿甘纳保有可贵的传统技艺，特鲁扬则散播着神秘传说。

和巴厘岛其他地区风俗不同，特鲁扬的村民逝后不采取火葬，而是一律移到Kuban墓地的老榕树下，不进棺、不入土，仅以竹笼罩着，任凭日晒风刮，神奇的是尸身不具丝毫腐臭味，村民深信这与树灵有关。神秘的传说是特鲁扬村最吸引人的地方，然而在此旅行会遇到当地村民索要小费的情况，需酌情妥善处理。

贝都古
Bedugul

P45C2

成年人 3 300 Rp 儿童 1 800 Rp.

贝都古地势较高，区内的 3 座火山湖形成自然的水库，为山下的平原地区提供灌溉用水。由于火山喷发后的土壤肥沃，因而贝都古是巴厘岛重要的农产区，当地农产运往全岛各地发售。Candikuning 市场以新鲜蔬果、种类繁多的野生兰花和香料而闻名，运气好的话还可在这里买到草莓等新鲜的温带水果。

你可以租艘游船绕湖一周，还可以乘船前往水神庙。因为这里目前还没有被喧闹的游客所占据，因而可以轻松自在地在湖边散步，还可以在这里尝试滑水、飞行伞等湖上活动。

贝都古地势较高，气候凉爽，记得多带件外套御寒。湖边有个名叫 Ayam Taliwanag 的小餐厅，视野极佳，建议在这里享用午餐。

水神庙
Pura Ulun

P45C2

位于百度湖旁的水神庙，犹如出水仙子般优雅地立在湖边。水神庙兴建于1633年，用以祭祀水神Dewi Danu 因为百度湖是巴厘岛南区农业用水的源头，因而这座水神庙便成为当地农民心目中最重要的庙宇。

水神庙的建筑混合了佛教和印度教的特色，进入大门首先映入眼帘的是佛教浮屠，接着才是印度教庙群：先是祭祀水神的主庙，接着是11层高的祭祀毗湿奴(Vishnu)的 Meru庙，另一座7层高的庙用来祭祀波罗门(Brahma)，至于水中那座3层高的塔庙则是祭祀湿婆(Shiva)的。想进入这座塔庙的游客必须搭船前往。

班嘉温泉
Banjar Hot Spring

P45B1

从布扬湖左转经过坦布林根湖，往北顺着 Asah Goblen 的方向，经Pedawa村约20分钟可抵班嘉村，温泉就位于村子的另一头

成年人3000 Rp. 儿童1500 Rp.

位于 Singaraja 附近的班嘉温泉，水温长年维持在38摄氏度，泉水中含有硫黄等矿物质，具有神奇的疗效，被当地人视为圣泉。这里的公共浴池里有3座水池，其中有个数米高的水柱，可用来按摩紧绷的肩膀肌肉。除了当地人，许多欧美背包族也很喜欢这里。还有人戏称班嘉温泉是巴厘岛最便宜的SPA，虽没有按摩服务，但大自然的恩赐就足以让人感到满足，虽然设备稍嫌简陋，但仍设有男女更衣室。

双子湖
Danau Buyan & Tamblingan

P45C2

从百度湖往北开车约15分钟，就可以在路的左侧看到清澈如镜的布扬湖（Danau Buyan），沿着山路蜿蜒而上，在交叉路口左转可绕布扬湖前进，若不左转直走则会到达 Singaraja。偶尔轻蒙薄雾的湖面，与翠绿的丛林景观共同形成巴厘岛最美的自然景观。渐渐地坦布林根湖（Danau Tamblingan）的倩影便会出现在眼前，可以继续前进进入湖区，也可以右转进入盛产咖啡和丁香等作物的 Munduk 村，运气好的话还可以见到当地人挑拣丁香的情景。

罗威那
Lovina

- P45C2
- 登巴萨的Ubung站有车发往罗威那
- 出海观海豚费用每人8美元，加付给船夫小费每人约10 000Rp。

如果不喜欢库塔的喧嚣，想要远离人群，又对海豚情有独钟的话，那么位于巴厘岛北方的罗威那海滩或许是不错的选择。对国人而言，罗威那海滩还是个相当陌生的地方，一般的旅行团往往会略过这里，但有不少欧美游客会放弃库塔而专程来此度假。

潜入水里看珊瑚

在这里，你可以尽情享受静谧的私人时光，清澈的海水与海中美丽的珊瑚礁，使这里成为最佳的潜水天堂。

最热门的潜水或浮潜地点是位于最西边，属于国家公园的Menjangan岛，这里因为冷、暖洋流交汇而形成缤纷多彩的海底世界，被公认为是巴厘岛最漂亮的海域。

可以从罗威那参加套装行程前往，搭船往返的时间约需1小时，行程包括2个浮潜地点和海滩上的午餐，详情可咨询Aqutropic Dive，电话：0362-42090。

起个大早赏海豚

除浮潜之外，当地还有精彩的出海观赏海豚活动。不过，想看海豚可得辛苦一点，因为当地的海豚最常于清晨时分出没，所以，游客得于清晨5点半坐着两旁架着支杠的渔船出海赏海豚，整个行程约2小时。虽说看到海豚的几率相当高，不过是否真能看到海豚跃出海面的奇景，还是得碰运气。在欣赏海豚之余，还可欣赏难得的海上日出美景，一举两得。

拜访当代艺术名家

擅长以"刀片"作画的巴厘岛知名艺术家约翰·哈迪(John Hardi, 1957~)，与法国妻子在罗

威那定居，并成立了艺术工作室。对绘画有兴趣的人，可以来此进行一场艺术之旅，甚至小住几日，在这里欣赏画作或学习绘画。住宿每晚 50 美元，习画每日 60 美元，E-mail：soierire@hotmail.com。

Ⓗ 住宿

Bali Handara Kosaido Country Club

🅿 P45C2

🏠 Bedugal，Bali

☎ (62-362)22646

💲 饭店型100~500美元，木屋型75~300美元，网络订房另有优惠

🌐 www.balihandarakosaido.com

Mimpi Resort Tulamben

🅿 P45D2

🏠 Tulamben，Northeast Bali

☎ (62-363)21642

💲 饭店型80美元起，木屋型125~150美元，网络订房另有优惠

🌐 www.mimpi.com/mimpi-tulamben-resort.html

Hotel Indra Udhyana

🅿 P45D2

🏠 Amed Beach，Bunutan，P.O. Box 119 Karangasem，Bali

☎ (62-361)24107

💲 150~420美元，网络订房另有优惠

🌐 www.indo.com/hotels/indra-udhyana

Damai Lovina Hotel

🅿 P45C1

🏠 Jalan Damai，Kayuputih，Lovina，Singaraja，Bali

☎ (62-362)41008

💲 每晚145~160美元起

🌐 www.damai.com

Aneka Bagus

🅿 P44A1

🏠 Pemuteran-Grokgak Buleleng，North West Bali

☎ (62-362)94798

💲 标准双人房60美元，Villa双人房70美元，网络订房另有优惠

🌐 anekahotels.com/aneka-bagus

巴厘岛旅游资讯

Information

巴厘岛小档案

· **地理位置**：位于小巽他群岛（The Lesser Sunda Islands），东隔龙目海峡与龙目岛相望，西隔巴厘海峡和爪哇岛相对，南濒印度洋，北临巴厘海。

· **首府**：登巴萨（Denpasar）。

· **面积**：巴厘岛东西长约140公里，南北宽约80公里，总面积约5 620平方公里。

· **人口**：约315万人 。

· **宗教**：95%的人信奉印度教，另外5%的人信奉伊斯兰教、基督教、佛教及其他宗教。

· **语言**：印尼语为官方语言，英语在岛上也通行。

· **电压**：220V。

· **时差**：与北京时间相同。

· **紧急电话**：匪警110、火警113、救护车118、搜寻救难111。

签证

　　印尼政府开放对中国公民赴印尼的落地签证申请，申请人可持个人有效因私护照和往返机票在雅加达、泗水、棉兰、巴厘岛等国际机场的专设柜台办理。落地签证分为停留期7天与30天两种，签证费分别为10美元和25美元。持落地签证者在印尼期间只可进行旅游观光、探亲访友，不得进行经商活动，期满亦不可延长。

货币

· **汇率**：印尼的货币单位为印尼盾（Rupiah），一般简写为Rp，1445印尼盾约合1元人民币。

· **货币兑换**：

1. 当地接受人民币的地方很少，建议携带美元前往。可以先在机场兑换100美元的印尼盾作为车费和餐费。

2. 一般来说，库塔或者乌布的汇率比较合算。有趣的是，汇率会随纸币面值的不同而有所差异，100美元的汇率最好，但当地人不接受DB、DH、BB和所有C开头编号，以及1996年以前的100美元纸币。

3. 银行的营业时间为周一～周五的8:00～14:00，周六的8:00～11:00。

4. 要注意的是，在饭店兑换货币虽便利，但汇率较差，而街头林立的货币兑换处，如果是汇率很好的则要当心其中暗藏着收取高手续费的陷阱，更恶劣的商家甚至会趁游客不注意时将现金调包。建议你别与这些商家挑战，还是选择正规可靠的兑换点为好。

4. 另外离境时要用印尼盾付离境税，大概每人150 000Rp.。

5. 没用完的印尼盾可以在机场换回美元，但是会损失一些差价。

气候

位于东经115度、南纬8度的巴厘岛属热带气候，年平均气温高达28℃，这里四季如夏，划分为4～9月的干季及10月～次年3月的雨季。一般而言，湿度较低的干季气候更为宜人。巴厘岛虽终年高温，但仍要记得随身携带一件轻便的外套，以御北部山区的凉意。

当地交通

·**机场**：巴厘岛Ngurah Rai国际机场及国内机场位于库塔南方，一出入境大厅，你就会被众多招揽旅行社、饭店生意的人以及出租车司机包围。你可以搭乘出租车或Bemo（厢型车样式的小巴士）离开机场。在机场直接搭出租车价格较高，为节省开支可以越过机场停车场到Jl.Raya Tuban搭出租车，这里的出租车按计价器收费，比较便宜。Bemo也经过Jl.Raya Tuban，可载你前往库塔或登巴萨。如果你的体力不错、行李不多，也可以考虑着海滩步行到库塔，这段距离约有2.5公里，请自行斟酌。

·**Bemo**：当地称为"Bemo"的也就是厢型车，这个词来自"Becak"（人力三轮车）和"Mobil"（汽车）两个词的组合。Bemo可以说是岛上最便捷的交通工具，路线四通八达，招手即停，车厢里常常塞了十多人，甚至连货物、鸡鸭也被带上车。不过司机常向游客多收车费，因此在搭车前要先询问清楚。除非达到一定的载客量，否则"Bemo"通常会长时间停车待客，如果你赶时间，可考虑多付些费用换取时间。每个大城镇都设有好几个Bemo车站，如登巴萨便设有Tegal（发车开往南部）、Ubung（发车开往北部及西部）、Butubulan（发车开往中部及东部）等大站，以及Suci、

Kereneng、Wangaya等小站，车身的颜色依路线而定，当地人大老远看到来车的颜色就会知道这辆Bemo是跑哪条路线的。

· **汽车出租**：小型的Suzuki Jimny吉普车及6～8人座的Toyota Kijang是巴厘岛最热门的出租车种。租金一天30～45美元，路旁有些小租车店会将租金压低至20美元，但为了保险起见，最好利用饭店的洽租服务。需要注意的是，巴厘岛是靠左行驶，加上中北部多山路，路上又不时会有鸡、狗穿越，因此不太建议游客自行开车。可以考虑在租车的时候就请一位当地司机。

· **摩托车**：租用摩托车旅行是非常经济实惠的，一辆125cc的摩托车租金约为每天6美元，小型踏板摩托车（Scooter）的租金约为每天5美元。依规定驾驶摩托车必须戴安全帽（一般租车行都会提供），并要记得带上国际驾照。

· **出租车**：巴厘岛的出租车依隶属的公司不同而漆着不同的颜色，浅蓝灰色的出租车为Bali Taxi，绿色出租车为Panwirthi Taxi，橘色出租车为Praja Taxi，白色出租车为Ngurah Rai Taxi，黑色出租车专跑机场。其中以隶属Bali Taxi的浅蓝灰色出租车口碑最好，该车行保证按计价器收费、不拒载、发现失物必定归还。绿色的Panwirthi Taxi也不错，橘色的Praja Taxi因规定司机每日必须缴一定的金额，所以常会发生司机敲乘客竹杠的情况。白色的Ngurah Rai Taxi隶属私人协会，司机常以讲价代替计价器，搭这种出租车比较没保障。除了这些可辨识的出租车，巴厘岛的街头还有许多没有营业执照的私家车司机沿街拉客，初到的游客在选择出租车的时候可得慎重。

入境随俗注意事项

· 出入寺庙不得着短裤或短裙，需在寺外租借沙笼及腰带。

· 巴厘岛紫外线很强，出发前请备妥帽子、太阳镜和防晒乳液。

· 因为习惯问题，巴厘岛的饭店（包括星级饭店）并不提供牙膏、牙刷、木梳、洗发水、浴液、毛巾等盥洗用具。

·印度教的种姓制度在巴厘岛虽无严格划分，但为避免无意中触犯祭司阶级，请勿任意触摸儿童头部。

·左手被当地人视为不洁，因此与人接触时要尽可能使用右手。

·拍摄当地人最好先得到许可，一方面表示尊重，再则也可避免事后被索取费用的争议。

·在祭祀庆典中拍照，不得站在跪拜祈祷的人群前，也不得以闪光灯拍摄祭司。

·巴厘岛的自来水不能直接饮用，请买矿泉水，注意不要食用小摊贩提供的冰块。

·请勿生食海鲜。

·巴厘岛的医药相当缺乏，行前请备好常用药品。

·厕所里多半没有卫生纸，记得自行准备。

·巴厘岛地处热带，蚊蝇甚多，请备妥防蚊花露水、风油精等。

·巴厘岛行车、走路均靠左侧，与国内习惯不同，请注意遵守。

实用会话

你好吗？ Apa khabar？

我很好。 Khabar baik.

谢谢。 Terima kasih.

对不起。 Minta Maaf.

不好意思。 Sori.

再见。 Selamat tinggal. Selamat jalan.

请问。 Numpang Nanya.

拜托。 Tolong.

早安。 Selamat pagi. (Pagi)

午安。 Siang.

晚安。 Selamat malam. (Malam)

这个多少钱？ Ini harga berapa？

太贵了，麻烦你算便宜一点。Terlalu mahal, tolong murah sikit.

要多久？Mau berapa lama？

图书在版编目（CIP）数据

巴厘岛一本就GO!：2012～2013版 / 墨刻编辑部编
著. -- 3版. -- 北京：人民邮电出版社，2012.7
（一本就GO!）
ISBN 978-7-115-28150-0

Ⅰ. ①巴… Ⅱ. ①墨… Ⅲ. ①旅游指南－印度尼西亚
Ⅳ. ①K934.29

中国版本图书馆CIP数据核字(2012)第095117号

一本就 GO!

巴厘岛一本就 GO! 2012-2013 版

◆ 编　著　墨刻编辑部
　　责任编辑　郑冬松

◆ 人民邮电出版社出版发行　　北京市崇文区夕照寺街 14 号
　邮编　100061　　电子邮件　315@ptpress.com.cn
　网址　http://www.ptpress.com.cn
　北京瑞禾彩色印刷有限公司印刷

◆ 开本：850×1100　1/32
　印张：5.75　　　　　　　　　2012 年 7 月第 3 版
　字数：184 千字　　　　　　　2012 年 7 月北京第 1 次印刷
　　　著作权合同登记号　图字：01-2011-2697 号

ISBN 978-7-115-28150-0
定价：28.00 元

读者服务热线：(010)67172489　印装质量热线：(010)67129223
反盗版热线：(010)67171154
广告经营许可证：京崇工商广字第 0021 号